できるかも。

働く母の
“笑顔がつながる”
社会起業ストーリー

林 恵子
Keiko Hayashi

英治出版

はじめに

土曜日の朝八時。もう家を出る時間。洗濯物干しが間に合わない。

「パパゴン！　お願い！　残りの洗濯物、干しておいてー!!」

まだ寝ている夫にSOSを出す。

「歯ブラシ持った？　靴下は？」

小四の娘と小二の息子に大きな声をかける。

娘はリュックを背負って準備万端。おばあちゃんに買ってもらった洋服を着ている。さすが、おばあちゃんに喜んでもらおうと、気遣いができている。

息子はスーパーの袋いっぱいに入った「遊戯王カード」を持っている。

「それは置いていったら？」

「いやだ。おばあちゃんちでいらないのを整理して、売るんだもん」

近所のTSUTAYAが買い取ってくれるので、いとこからもらった大量のカードを売ってお小遣いを稼ぐつもりらしい。


今週末は、土日とも仕事が入ってしまった。夫も結婚式とゴルフがあるので、子どもたちは私の両親の家にお泊まり。子どもたちを急かしながら、駅まで向かう。

「ママが一番遅いよ」と娘。図星。「はい、すみません……」と小さくなる私。

ホームで電車を待つ間、子どもたちは駅のコンビニへお菓子を買いに行った。私は実家に電話。

「もしもし、おかあさん？　八時二五分発の電車に乗るから、五〇分にはそっちに着くから。お迎えよろしくね」

電車が来た。お菓子を手に満足そうな子どもたちは電車に乗り込む。

「じゃあね！　仲良くね！　おばあちゃんのお手伝いちゃんとするんだよ！」

同時に反対のホームに入って来た電車に、私もすべり込む。


すっかり慣れた様子の子どもたちを、心強く思う。そして、快く迎えてくれる両親にも、心から感謝している。平日は毎晩遅くまで仕事をする夫も、時間のある週末は料理も掃除も洗濯もしてくれるし、子どもたちの面倒もみてくれる。私の仕事を理解し、応援してくれる家族。

でも、最初からそうだったわけじゃない。小学校に入ったばかりの頃、娘は「なんで、うちのママは仕事ばっかりなの？　さみしいよ。もっとママと遊びたいよ」と泣いた。母親にも、「他人の子も大切だけど、まずは自分の子でしょ」と言われた。私も悲しくなった。

それでも、私にはやらなきゃいけないことがある。

私は娘に、仕事の話をした。

「ママはね、『じどうようごしせつ』っていうところにいる子どもたちを助ける仕事をしているの。そこに住んでいる子どもたちはね、悪いこともしてないのにお父さんやお母さんからたたかれたり、あついお湯をかけられたりね、『お前なんて、うまなきゃよかった』って言われたり、ご飯を食べさせてもらえなかったりするの。だからね、おうちではなくて、しせつで生活する子どもたちがいるんだけどね、大きくなって、高校を卒業すると、しせつを出なくちゃいけないの。ひとりぼっちで、生活をはじめるの。ごはんも、ひとりぼっちで食べるんだよ。こまったことがあっても、お金が足りなくなっても、お父さんお母さんは助けてくれないの。だから、ママが助けてあげたいの」

娘は、ぽろぽろと涙を流して、こう言った。

「ママがやさしい気持ちで仕事をしているのに、わがまま言ってごめんなさい」

私は、娘をぎゅーっと抱きしめて、ふたりで泣いた。

知っていますか？　こんな子どもたちがいることを

孤児、つまり親のいない子は、孤児院に預けられる。アニメやドラマでも、施設で育った主人公が、ハングリー精神を発揮して活躍する話や、心に陰を抱えるミステリアスな存在として描かれる話などがあり、私たちの中には、「孤児」や「孤児院」のイメージは、なんとなくある。

ところが、今の日本には、実は「孤児院」はない。〇歳から二歳の乳児を預かる「乳児院」や、二歳から一八歳までの児童を預かる「児童養護施設」が、むかし孤児院と呼ばれていた施設。

　そこで暮らす子どもたちの大半は、親のいない「孤児」ではない。「父母の死亡、行方不明」が理由で児童養護施設に入所する子どもたちは、九・三％に過ぎない（厚生労働省平成二〇年調べ）。多くの子どもたちは、親がいるにもかかわらず、一緒に暮らせない事情を抱えて、児童養護施設にやってくる。近年増加する虐待や育児放棄（ネグレクト）。そのほか、親の病気や入院、両親の離婚や経済事情による養育不能など、事情はさまざまだ。


　施設に入るときの子どもたちの気持ちを想像してみてほしい。どんな事情であれ、一緒に暮らしていた家族と引き離され、知らない場所で、知らない人たちに囲まれて、生活を始めるのだ。先の見えない不安や、どうして自分だけがこんな思いをしなくてはいけないのかという疑問や憤りが、渦巻いている。

　そんな子どもたちを迎えるのが、施設職員たちだ。施設職員は、親代わりとなって子どもたちの生活の面倒を見る。日常のいわゆる「子育て」のほか、学習指導や進路指導をしたりもする。親代わりとして、学校行事にも参加し、ＰＴＡなどの役割も担う。施設職員は、保育や社会福祉の勉強をした人が多いが、たとえばキリスト教系の施設であれば、シスターの場合もある。

一つの施設には、二歳から一八歳までの子どもたち三〇人～二〇〇人くらいが共同生活をしている。集団生活に戸惑いながらも、子どもたちは新しい環境に順応し新しい生活を始める。普通の家庭と同様に、学校に通い、勉強をする。職員が勉強を教えることもあるが、近所の大学生が家庭教師として学習ボランティアに来てくれることも多い。最近では、中学生が高校受験対策として塾に通う費用も予算化された。子どもたちは、スポーツや音楽など、習い事や、部活動もしている。病気をすれば、学校を休み、病院へ行く。いたって普通の家庭にいる子どもたちと同じ。

施設の費用は、公費でまかなわれているので、基本的な生活に困ることはない。食事は、栄養士と調理師が栄養バランスのよい食事を作ってくれるし、高校まで通う学費も、保証されている。暴力を受けていた子どもや、食事や清潔な生活環境、学習環境が与えられなかった子どもは、安全で健全な環境で、一八歳までを過ごすことができる。

ところが、ここでもう一度、多くの子どもたちには親がいることを思い起こしてほしい。施設に入ったからと言って、親との関係が一切なくなるわけではない。虐待を受けていて、親に居場所を教えずにシェルターのようにかくまう場合は除き、大きな問題がなければ、週末に親と面会したり、夏休みやお正月には家に帰ったりすることもできるのだ。そして環境が整う場合は、家庭に帰れる。実際、施設に子どもがいる期間は、平均四・六年（厚生労働省平成二〇年調べ）。子どもの年齢が低いほど、家に帰っていく率は高い。というのも、たとえば親が育児ストレスから虐待をしてしまっているような場合は、子どもの年齢が上がるにつれ、言葉でコミュニケーションが取れるようになり、身の周りのことも自分でできるようになるため育てやすくなる。また、親の養育力不足で育児放棄してしまったような場合は、子どもが施設にいる間にしつけられたり、親が施設職員から子どもへの接し方を学んだりして、親も子も成長し、帰りやすくなる。だから、小学校入学など、節目のタイミングで家に帰る子どもが少なくない。

家に帰れない子どもたちは、施設から社会に巣立っていくことになる。高校を卒業し、働き始める。中には、大学等に進学する子もいるが、専門学校を合わせても進学率はたったの二三％（厚生労働省平成二二年調べ）。全国平均が七七％（文部科学省平成二二年調べ）なので、三分の一以下だ。しかも、そのうち半数近くが卒業できない、つまり学校を中退してしまう。こちらは、全国平均の三〜四倍。一番の理由は、お金の問題だ。学費や衣食住すべての生活費をまかなうために、学生ローンや数少ない奨学金をかき集め、アルバイトをしながら生計を立てる。よほどの強い意志や根性がなければ、やっていけない。

児童養護施設退所後、行政からの支援は、ほとんどない。親からも行政からも支援を受けられない、困ったときにも相談できる大人が近くにいない若者たちは、生活が立ち行かなくなっても帰るところがない。根無し草のように漂流する若者が、路上、非合法組織、性風俗店といった闇の世界に流されていっても、なんら不思議はない。

たまたま生まれた家庭が、子どもをちゃんと育てられる環境ではなかった。たった、それだけのこと。豊かな日本で、そんな子どもたちが守られていない。何かが、おかしくないだろうか。

ブリッジフォースマイルとは

そんな施設を巣立つ若者を支援するNPOとして、ブリッジフォースマイルは、二〇〇四年一二月に設立された。二〇一二年四月現在、事務局スタッフ一二人（常勤六人、非常勤六人）とインターン三人、二二〇人のボランティア（うち九八％が社会人）によって運営され、東京、千葉、神奈川、埼玉にある児童養護施設を中心に支援している。

児童養護施設には幼児や小学生もいるが、ブリッジフォースマイルは、支援対象を中学・高校生と二五歳くらいまでの退所者に限定している。社会に巣立つ前後の子どもたちに対して「自立」に特化した支援を行うためだ。「社会に出て自立する」とは、どういうことか。施設の保護下を離れて、一人暮らしを始めること、働いて収入を得ること、新しい人間関係を築くこと、自分で判断し決定すること、自分の決定に自分で責任を取ること。……さまざまな要素が挙げられるが、いずれにしても、「社会に出て自立する」ことは、大変なことであり、一八歳の若者が誰でも簡単にできることではない。ましてや、施設を出る子どもたちには頼れる親がいない。そこをサポートするのが、ブリッジフォースマイルの主な役割だ。

ブリッジフォースマイル（Bridge for Smile）という名前は、「笑顔の架け橋になりたい」、という思いからきている。笑顔をつなぐのは、「人と人」と「現在と未来」。

「人と人」を笑顔でつなぐ。

「困っている人の役に立ちたい」という思いを持つ人、そして行動ができる人は、日本にたくさんいる。ところが、その思いは、なかなか助けを必要としている人のところには届かない。何に困っているのかがわからなかったり、困っていることがわかっても、どうやったら助けてあげられるのか、わからなかったり。一方で、困っている人は「恥ずかしい、同情されたくない」と困っていることを隠していたり、支援を受けることを嫌がったりもする。

支援をする側も、支援を受ける側も、両方が笑顔になるためには、双方の事情、気持ちを確かめた上で、困っていることを適切に解決できる、使いやすい仕組みがあればいい。

「現在と未来」を笑顔でつなぐ。

「子どもは社会の宝」と言われるように、今の子どもたちが、これからの社会を作っていく。ところが、その大切な子どもを育てる環境が、日本には十分に整備されていない。児童養護施設にやってくる子どもたちに関して言えば、とても危機的な状況にある。適切な環境で育てられなかったとしたら、子どもたちは、未来への希望を失ったり、社会への不信、苛立ちを抱えたりしながら、年齢を重ね、大人になってしまう。

笑顔にあふれる幸せな未来を作るためには、子どもたちが未来への希望を持てる環境が欠かせない。その環境を作るのは、今の大人たちの責任。子どもたちに直接的に行っている自立支援以外にも、広く多くの人の協力を得ることや、子どもを育てる人材を育成していくことも必要だ。ブリッジフォースマイルでは、実態調査や機関紙発行といった啓発活動や、ボランティアの募集や研修、施設職員の研修などにも取り組んでいる。

笑顔が人から人へつながっていく。現在から未来へつながっていく。そんな笑顔にあふれた社会を実現することを目指している。

本書では、いま、児童養護施設を巣立つ子どもたちのために支援活動している私が、どんなことを考え、どんな経緯で今日に至ったのかをご紹介したい。漠然と社会の役に立ちたいという思いを抱えていた学生時代から、子育てと仕事の両立に悩んだ「キャリアママ」時代、そして「社会起業家」としての働き方を選び、ＮＰＯを立ち上げて活動を展開してきた現在までを書き記していこう。同じような思いや悩みを抱えながら、仕事や子育て、社会活動などに取り組まれている方々にとって参考になればと願っている。私の数々のチャレンジと失敗の物語を、読者の皆さんの勇気と元気の糧にしていただけるなら、たいへんうれしい。

はじめに 1
知っていますか？　こんな子どもたちがいることを 4
ブリッジフォースマイルとは 8
▼児童養護施設とは 18

第1章 社会貢献に夢を見て 21
異なる世界へ飛び込んで 21
幸せの感度 24
人間の「欲求」にどう向き合うか 26
「社会の問題を解決する」会社 29

第2章 仕事も育児も勉強も 32
がんばれ、私！ 32
新人秘書の悪戦苦闘 35
念願の営業チームに 39

直面した「産休」の壁 41
第一子、誕生！ 43
不満だらけの職場復帰 44
海外でMBAを取ろう！ 目指せ、子連れ留学 46

第3章 運命的な出会い 49
キャンパスビジットで思い知った現実 49
二度目の復帰で見えてきたこと 52
外国人と一緒にビジネスプラン研修 57
運命の出会い 59
児童養護施設の現場を知ろう 61
研修ではない、私自身の「課題」が見えてきた 68
誰かに期待するのではなく、自分でやろう 71

第4章 ブリッジフォースマイル始動 74
まずは仲間探しから 74

児童養護施設にビジネスチャンス到来？ 79
ブリッジフォースマイル設立！ 83
わずか一〇品の物品寄付から始まった 86
ＮＰＯの活動に専念したい 90
南部代表の思いがけない支援 92
巣立ちプロジェクト始動 94
続々と集まった協力者たち 97
セミナー受講者、わずか３名 99

第5章 新参者の苦しみ 104

施設との信頼関係が大切だ 104
「福祉」の世界とのギャップ 108
マニュアル作りで現場を知る 113
「ビジネスチャンス」が「大ピンチ」に 116
オレンジリボン事務局 118
「あなたは何もわかっていない」 121
遠藤さんの厳しい教え 127

私は私のやり方で 131

第6章 次々に生まれるプロジェクト 133

早く全国で活動したい 133
プログラムを練り上げろ 136
サポーターのアイディアを生かす 138
退所後を、人のつながりで支える 143
一対一で話せる大人が必要だ 146
出張セミナーで活動範囲を拡大 151
▼これまでの活動成果 154

第7章 泥沼の中で見えたもの 155

一〇〇坪の土地に夢を描く 155
進学問題と住宅問題 158
身のほど知らずを思い知る 161
シェアハウスを作ろう 164

初期費用が払えない！ 166
価値観をめぐる軋轢 168
フラストレーションと失言 170
信頼が崩れていく 174
泥沼での自問自答 178

第8章 企業とNPOが手を組めば 181
働くことも支援しよう 181
就労をめぐる深刻な問題 184
企業にできることは一杯ある 187
企業の協力を得るために 198
NPOと協働するために 206

第9章 希望をもって生きること 209
奨学金とスピーチコンテスト 209
できるかも。 213

「カナエール」プロジェクト発足 217
プロフェッショナルたちが集結！ 220
大きなピンチを乗り越えて 224
三二九人の真ん中に 228
▼東日本復興支援 231

第10章 子どもの可能性を信じる 232

私の子どもの育て方 232
「成果」ってなんだろう 236
失敗したっていいじゃない 240
笑顔がつながる世の中へ 244

謝辞 248

児童養護施設とは

児童養護施設とは、児童福祉法に定められている児童福祉施設のうちの一つ。

（第41条）児童養護施設は、保護者のない児童、虐待されている児童その他環境上養護を要する児童を入所させて、これを養護し、あわせて退所した者に対する相談その他の自立のための援助を行うことを目的とする施設とする。

施設の多くが「社会福祉法人」により運営されている。「社会福祉法人」とは、福祉を推進するために、税制の優遇などを受けられる、公共性の高い法人格である。児童養護施設は、公的資金で運営されているため、わかりにくいのだが、児童養護施設を運営する社会福祉法人のほとんどは「民間」である。民間の社会福祉法人が、行政から子どもたちの養育を委託され、運営費をもらっているのだ。一割弱の法人は、「公的」である。たとえば、東京都では、「社会福祉法人 東京都社会福祉事業団」が、一一施設を運営している。都の施設なので、東京都の職員として採用された公務員が、子どもを育てることになる。

▼児童養護施設の施設数・児童数

年度	施設数	在籍児童数
1980	531	30,787
1985	538	30,717
1990	533	27,423
1995	529	25,741
2000	552	30,597
2005	558	30,830
2006	559	30,764
2007	564	30,846
2008	569	30,695
2009	563	29,753
2010	582	29,975

出典：厚生労働省「社会福祉施設等調査」

▼児童養護施設への入所理由

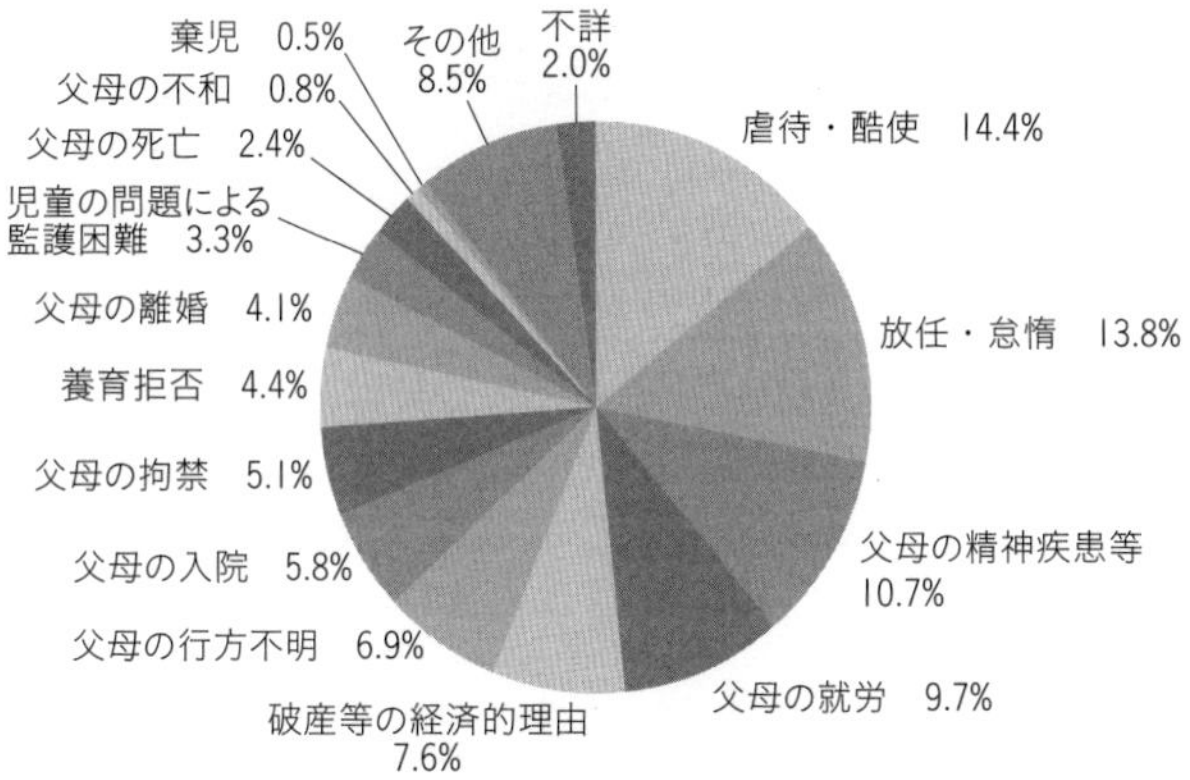

出典：厚生労働省「平成19年度 児童養護施設入所児童等調査」

▼児童虐待相談対応件数の推移

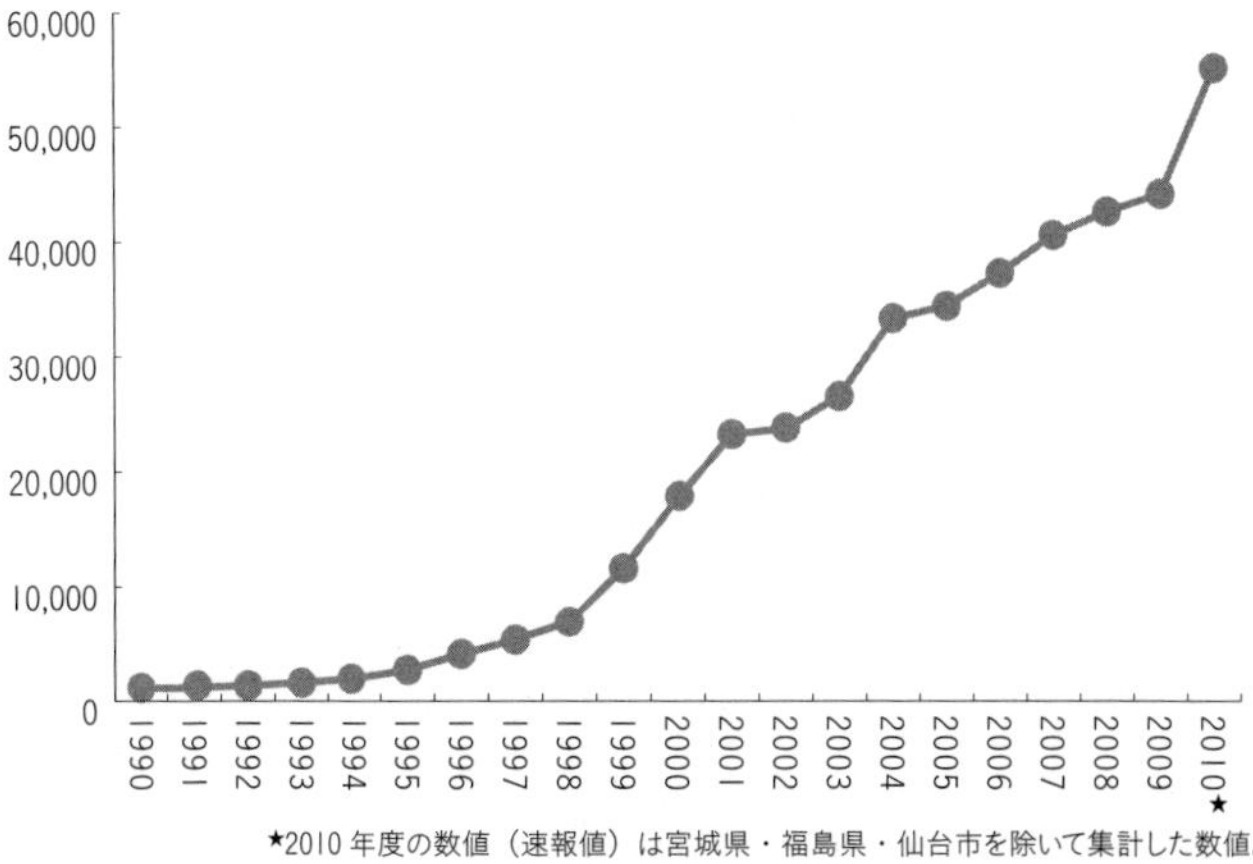

★2010年度の数値（速報値）は宮城県・福島県・仙台市を除いて集計した数値。

出典：厚生労働省「子ども虐待による死亡事例等の検証結果
（第7次報告概要）及び児童虐待相談対応件数等」

第1章 社会貢献に夢を見て

異なる世界へ飛び込んで

大学時代、私の関心は主に海外に向いていた。国際関係学科に所属し、専攻したテーマは「途上国の開発と援助」。世界には飢餓に苦しんでいる人がいる。世界中の困っている人を助けたい。将来は、青年海外協力隊に入って、途上国の支援をしたい――。そう思っていた。

サークル活動では、中学から続けているテニスのサークルと、「アイセック（AIESEC）」という国際学生団体に参加していた。アイセックは、学生インターンを別の国の企業に派遣したり、スタディツアーを組んで訪問したりするなど、人の交流によって世界平和を推進しようとしている団体だ。アイセックの仲間たちとは、世界平和について夜通し熱く語り合うといった、学生らしい時間を過ごした。

私は友人二人と、「私たちも何かプロジェクトを立ち上げたいね」と盛り上がり、当時「最も近くて遠い国」と言われていた韓国との親交を目指す日韓交流企画を始めた。名付けて「コリアパン（KOREAPAN）企画」。

日韓の歴史問題、教科書問題などをテーマにした勉強会を開催したり、スタディツアーを実施して韓国の大学生と交流したりした。戦争と侵略の歴史についての議論で空気がピリピリする場面もあったが、おいしいものを食べたり、ホームステイをしたりするうち、すっかり仲良くなった。韓国の男性、特に軍隊での兵役を終えた男性が、とても紳士的で、かっこよかったのが印象的だった。

二年間に渡ったプロジェクトの報告書では、「もっと文化的な交流や人の交流を進めて、日韓関係を良くしていこう」と、実体験をもって結論づけた。その後の『冬のソナタ』に象徴される韓流ブームに、コリアパン企画には先見の明があったね、と仲間たちと笑った。

大学三年の夏休み、コリアパン企画のメンバーである友人二人と一緒に、インドに行くことになった。私は、「本当の貧困」を自分の目で見たい、と意気込んだ。あまりお金はなかったけれど、バックパッカーへの憧れもあって、ワクワクした。

インドは、日本とはまったく異なる世界だった。

街には車（リクシャー）も走っているが、牛や山羊など動物が同じ道を歩いていた。雑然としていたが、すごく活気があった。ベナレスではガンジス川のほとりで死を待つ人々や、火葬されている死体、川に流されていく死体を見た。その横で、ありがたく沐浴をしている人もいた。生と死が隣り合わせで、とても不思議な気持ちになった。遺跡もずいぶん巡った。山の中でほとんど管理されてないところにすごく大きな遺跡があったりして、文化遺産の保全が心配になった。

何もかも日本と異なる状況は、刺激に満ちていた。

浮き足立った私たちは、かなり無茶をした。一食五〇円のカレー（っぽいもの）を食べたり、一泊四五〇円のカビ臭い宿に三人で泊まったり、「一カ月もいるのだから、現地の水に慣れよう」と現地の生水をガブガブ飲んだりした。水はすごくおいしかった。でも、当然の結果、すぐにひどい下痢になり、病院で点滴を打たれる一歩手前まで衰弱した。後から、途上国での点滴は、針の使いまわしがあり得るため、とても危険なのだと知った。

それからは、少し良いホテルに泊まる、ミネラルウォーターを買うなど、途上国では安心をお金で買うのだと身をもって学習した。

幸せの感度

体調不良に加えて、大きなストレスになったのは、日本人である私たちに対する現地の人たちの反応だった。若い日本人女性三人は、つねにじろじろと見られた。物売りの人たちから、しつこく声をかけられた。体調が良いうちは、私たちもやりとりを楽しんでいたが、次第に気がめいってきた。

少しでもインドの街に溶け込もうと、現地の女性たちが着るパンジャビードレスを購入して着たり、頭にストールを巻いたりしたが、あまり効果はなかった。路上でバナナ一本を買うにも、現地の人の五倍も高いお金を払うことに最初のうちは文句をつけて交渉していたが、次第にその元気もなくなった。だいたい、バナナ一本五円が二五円になったって、日本人にとってどうってことないのだ。ムキになって交渉していた自分たちが愚かだったと気がついて、肩の力が抜けた。

本当にヘトヘトだった。このエネルギーに満ち満ちたインドで、日本の便利な生活に慣らされている私たちは、すっかり弱ってしまった。仲間同士の関係も険しくなった。三人のうち誰が買い物の交渉をするか、電車の切符を購入するかでもめた。自分に余裕がないとき、人にやさしくすることがどれだけ難しいかを知った。

慣れない環境での体調不良とストレスを抱え、細っている気力を少しでも養うべく、私はホテルに引きこもった。

ベッドに寝転び、天井を見つめながら考えた。私は何のためにインドに来たんだっけ？　貧困を知ったところで何ができるだろう？　途上国が発展するのって欧米化するってこと？　では、途上国が目指す先進国は、みんな幸せなの？　豊かな日本だって不満だらけじゃないか。人は何のために生きているんだっけ？　私は何のために生きているのだろう。私が日本に生まれたことに何か意味があるのだろうか？　インドに生まれていたら、どんな人生だっただろう。今、関わるのを避けてしまう物売りの人たちの子どもとして生まれていたら、どういう生き方ができるのだろう。

忘れられない場面がある。ある女の子が私にポストカードを売りに来た。いつもなら、「No Thank you!」とまったく取り合わないところだが、とても控えめに売りにきた女の子の様子に、思わず財布をひらいた。女の子は、すごくうれしそうに母親のもとに走っていった。その後ろ姿を見て、ああ、あの子は、ポストカード一枚売れたことですごく幸せを感じているんだ、と思った。

幸せの感度、とでも言おうか。生まれや育ちなど、与えられた環境の中で、何を幸せと感じるかは人によって違う。あの子の幸せの価値を、誰が評価できるだろう。

一方で、インドにも裕福な人がいる。豊かな人は、太っているので一目でわかる。国際援助や外貨をもたらすビジネスは、そういうお金持ちの人に牛耳られていて、インドに出回るお金の多くが彼らの懐に入っていくのだろう。貧しい人のところまでは、決して届かない。インドにはカースト制という身分制度がある。カースト制がある限り、職業選択は自由にできず、貧富の格差はなくならない。とてもやるせない気持ちになった。

でも、お金持ちの人が、いい家に住み、テレビや冷蔵庫など家電を持ち、おいしいものを食べ、おしゃれな服を着ていることを、私は責められない。私だって、当たり前のように享受している。彼らだって、日本や欧米のように、より豊かで便利な生活をしたいだけ。それが自然な人間の欲求だ。誰も止められない。

私は、この不平等な世界を変えるために、何ができるのだろう……。

そんな無力感を抱えて帰国した。一カ月間の旅を終え、げっそり痩せた私たちを迎えた日本は、とてもとても快適だった。

人間の「欲求」にどう向き合うか

意気込んで行ったインド旅行だったのに、帰ってきてからの私は、途上国の援助に対して、すっかり意欲を失ってしまった。

卒論は、インドをテーマに取り上げようと思っていたが、とてもそんな気持ちにはなれなかった。途上国の貧困を解消するなんて、とても簡単にできることじゃない。そもそも何を目指して、援助をするのだろうか。自分の生き方すらよくわからないのに、途上国の人にとっての幸せをどうやって決められるのだろう。結局、豊かな国に生まれたから言える傲慢じゃないか。……自己嫌悪に陥った。

幸せって、何だろう。

欲求を満たされたとき、幸せを感じる。

人間も動物である以上、食欲、睡眠欲、性欲だって、生きるための本能的な欲求だ。さらに人間は、知恵をつけ、欲を満たすために、次々と新しいものを生み出す。便利な生活をしたい、おいしいものを食べて毎日を楽しく暮らしたい。きれいごとを言ったって、自分だって同じ。だから企業は、人の欲求を満たすためにマーケティングを行い、商品を開発し、販売して利益を得る。そうして社会は繁栄する。

そうすると、人間の幸せと欲求は、紙一重じゃないか。

でも、世界中のすべての人が幸せになるためには、人間が欲求のままに生きるだけではいけないはずだ。人間の欲求の結果として生まれた社会問題は、環境問題、食糧問題、軍事問題など、世界中に山積している。

人間は、欲求をどれだけコントロールできるのだろう。

悩んでいる中で出会ったのが、「企業市民（Corporate Citizenship）」や、「企業の社会的責任（CSR：Corporate Social Responsibility）」という考え方だった。

「企業が利益を追求するだけでなく、組織活動が社会へ与える影響に責任をもち、あらゆるステークホルダー（利害関係者：消費者、投資家等、及び社会全体）からの要求に対して適切な意思決定をすること」（ウィキペディアより）

つまり、利益を追求する企業が、社会に対する責任を持ち、行動する。欲求を、理性がコントロールするのだ！　CSRの考え方を知って、目の前がぱっと明るく開けるようだった。さらに、日本の会社経営には、「人本主義」と呼ばれる、人を第一の資本とする考え方があることを知った。

そんなとき、所属していたゼミの教授が、フィールドワークのため長期で日本を離れることになった。その代理を務めることになった先生の研究テーマは、「アジアにおける日本の企業活動」だった。

まさに渡りに船。私は迷わず、卒論のテーマを「東南アジアにおける日本企業の社会的役割」として、途上国において日本の企業が、どのように現地の発展に貢献したかを研究することにした。

代理の先生の紹介で、私はマレーシアの日系企業七社を訪問することができた。どの企業も、現地に受け入れられるために、人を育て、地域の活動に参加し、地域の発展に協力していた。そんな日本企業を、とても誇りに思った。

途上国の貧困問題は、良心を持ちつつ、経済発展を追求する企業活動によって、解決できるかもしれない。そんな希望を強く持った。

「社会の問題を解決する」会社

大学三年生の冬、私も就職活動を開始した。「援助」よりも、企業の社会貢献部で働きたいと思った。それが適わないなら、環境関連の会社がいい。「どれだけ社会に貢献できる会社か」を軸に企業を選んだ。

そんなとき、おもしろい会社が目に入った。企業理念は、「社会の問題を解決する」。パソナだった。三〇社ほどのグループ会社は、社会のあらゆる問題を、事業で解決することを目指していた。たとえば、障害者の社会進出をアートで促す「アート村」、保育園の運営代行「チャイルドケア」、高級ブランド品を安く提供する「デザイナーズコレチオーネ」など。社会問題をテーマに、新規ビジネスや魅力的なグループ会社を次々と立ち上げていた。

会社説明会では、社長の南部靖之氏が自ら、「社会の問題点を解決する」という会社の理念について私たちに熱く語ってくれた。会社の代表者が学生に直接話をすることに感動した。女性が活躍している会社であることにも、好感を持った。何人もの女性が役員として活躍していたし、人事部の若い女性社員たちもキラキラした素敵な人ばかりだった。ここで働きたい、と強く思った。

六回にわたる採用面接をパスして、内定を得たときは、本当にうれしかった。他の会社の説明会に行くのはすぐにやめてしまった。大学四年の四月か五月だったと思う。私の就職活動は早々に終わった。何の迷いもなかった。

ところが、内定をいただき、就職活動をやめてしばらく経ってから、パソナが人材派遣会社であると聞かされた。いや、正確には「気づかされた」。思い込みが激しい私は、自分が「人材派遣」という仕事に就くイメージをまったく持っていなかったのだ。ある人にこう言われて、急に心配になった。「人材派遣って、企業が都合よく人を使うのを仲介して、その給与を〝ピンハネ〟して儲けるような仕事でしょ?」

どうしよう。私の選択はよかったのだろうか……。少し不安になりつつも、人材派遣は、終身雇用で硬直化していた日本の雇用環境に風穴を開け、能力があっても働けない子育て中の女性などが働き方を選べるようにするビジネスなのだ、と自分なりに理解し納得。その後、内定者研修を受け、人事部でインターンをさせていただくうち、私はますます会社が好きになっていった。

入社を三カ月後に控えた一九九六年一月、阪神大震災が起こった。神戸出身の南部代表のもと、パソナグループが行った支援は、とても迅速で力強いものだった。五年間で五万人の雇用を創出することを目指し、次々とプロジェクトを立ち上げていった。このリーダーについて行こう、と決心した。

第2章

仕事も育児も勉強も

がんばれ、私！

一九九六年三月、入社式の前に、私を含む一四六人の新入社員を待っていたのは、富士山のふもとで行われた二泊三日の入社時研修だった。

研修では、たとえば、パソナグループ綱領を大きな声で暗唱する。「我々は、三つの事業を使命とする！　一つ！　社会貢献！　二つ！　文化創造！　三つ！　社会福祉！　パソナグループ社員の信条！　一つ！……」。大きな声で、全員がピタッと揃うまで、何度も練習する。また、お辞儀、名刺交換、電話応対などの基本的なビジネスマナーを徹底的に学ぶ。うまくできなければ、社内インストラクターと言われる先輩社員たちから、容赦なく何度もやり直しを命じられる。こうして、三日間の研修で、学生気分はすっかり消え、驚くほどシャッキリした社会人に変わっていくのだ。

入社式を終えた後は営業部でのＯＪＴ研修。事前に会う約束も、何の下調べもしないで、ビルの上から一社一社、飛び込み営業をしていく。最初は意気込んでいたが甘くなかった。突然の訪問営業に、明らかに迷惑がっている相手に、申し訳ない気持ちでいっぱいになった。気持ちは暗くなり、次の会社をノックする勇気が出なくなった。「うちは結構です」「うちにはもう二度と来ないで」と怒られたりもした。現実のあまりの厳しさに、泣きそうになる。思いのほか小心者で打たれ弱い自分に、がんばれ、私！　とはっぱをかける。

そして、四月一九日、配属発表の日。私の配属先は「営業総本部」だった。営業部で自分を鍛えよう、と思っていた私は、希望通りの配属に喜んだ。しかし、すぐに想像していた営業とはまったく違うことがわかった。「営業総本部」は、文字通り、全国の営業部を束ねる部署であり、営業部を管轄する副社長のいる部署だった。副社長の上田宗央氏は、明るく気さくな人柄と、的確かつスピード感のあるリーダーシップで、営業部の社員たちから慕われている理想の上司だった。いわゆる外回りの営業ではなかったけれど、上田副社長の近くで仕事ができることはとても楽しみだった。

部署の新人としての仕事は多岐にわたる。朝は八時に出社し、部署全員の机を雑巾で水拭きする。植物に水やり。八時五〇分からの朝礼は、新人が持ち回りで司会。その後は、電話応対（新人は先輩に電話を取らせてはいけない。三コールで電話に出られなかったら、「たいへんお待たせしました」と言う）、来客応対（会議室への案内、お茶だし、お見送り、お茶の片付け）、書類のやり取り（副社長宛て社内文書の受け取り、他部署への送付、書類のコピー、ファイリング）、名刺管理（パソコン入力、ファイリング）、副社長からのお手紙（お礼状等の作成、宛名書き、発送）、などなど。今みたいにＩＴ化も進んでいなかったから、会議室の予約を取るのも私の部署で、電話で受け付けをしていた。

目の回る忙しさだったけれど、新しく覚えたことが自分でできるようになると、成長している実感があり、達成感があった。何より、副社長をはじめ、そこで働く人たちが、とても気持ちの良い、素敵な人たちばかりで、毎日が楽しかった。

ところが、試練は、すぐに訪れた。六月のある日、私の指導役の先輩女性がこう言った。

「実はね、私、結婚することになったの」

「わー、おめでとうございます！」私は単純に喜んだ。「お相手は、どんな人ですか？」と興味津々で聞く。

「うん、前の職場の人でね」と先輩。

「わー、そうなんですか！　写真とかないんですか〜」

一人で盛り上がる私を適当にかわして、先輩は言った。

「それでね、私、六月末で退職することになったの。彼の事業を手伝うことになって」

「……えっ？」

こうして、その先輩が担当していた副社長秘書の業務を、私が引き継ぐことになった。というより、配属当初から私に期待されていた主な仕事は、六月に結婚退職が決まっていた先輩の後任だったのだ。私は入社三カ月で、副社長秘書業務を、しかも一人で、担うことになったのだ。

新人秘書の悪戦苦闘

私の「秘書姿」は、テレビドラマで見るような秘書とは、まったく違った。もともとパソナのオフィスは、部署で細かい間仕切りをしない風通しのよさが特徴で、秘書室などなかった。裏を返せば、他部署からの敷居も低く、何でも依頼が入ってくる。全国の営業部からの問い合わせも絶えることがない。先輩の退職によって、部署の人数が減り、ますます忙しくなった。

私は、「副社長秘書」でありながら「営業総本部の新人」であり、下っ端のする細々した仕事も免れない。毎日が嵐のような忙しさの中、落ち着いて自分の仕事に取り掛かれるのは、電話が鳴りやむ夜八時を過ぎてから。朝七時半に出勤して、夜一一時まで。目の下はクマでまっくろ、一日化粧直しもせず、髪は後ろで一つに束ねて、がむしゃらに仕事をした。それでも終わらなかった。

余裕のない新人社員の私は、ミスを連発した。副社長あての電話メモを失くしてしまったり、スケジュール帳に予定をきちんと書き込まずダブルブッキングしてしまったり。私の対応に対するクレームも来た。「新人なのに先輩や役職者に向かってあの口調はないでしょう」「電話での話し方がすごく早口で、冷たく感じる」「仕事で、新人が『対応できません』って言っちゃダメでしょう」などなど。当時のことを思い出すと本当に恥ずかしいことばかりだが、極め付けに無礼な新人だった私が、女性の上司に放った言葉。

「お言葉を返すようですがっ……!」

新人が、上司にお言葉返しちゃいけなかった……。当然ながら、さらに何倍もの厳しさで叱られ、泣きながら席に戻った。その上司からは、その後、しばらく口をきいてもらえなかった。

とにかく私の部署は、他の部署の二倍速で回っている状況だった。トイレに行くのだってタイミングを見て、走っていかなければいけないほど、時間的にも精神的にも余裕がなかった。それなのに「秘書として、新人として、仕事は丁寧に。相手や周りへの気配り、心配りも」と求められた。こんなにがんばっているのに、できていないことばかり指摘される。一つ一つは簡単なことなのに、ケアレスミスをしてしまう。私は、悔しくて悔しくて仕方がなかった。

「やりたくてやっている仕事じゃない。私には向いてない」

叱られて、泣きたくなると、仕事を抜け出し、夜九時の大手町をぐるぐる歩いた。「こうしてても、仕事が減るわけじゃない」。気持ちを落ち着かせ、目を真っ赤にしながらも、仕事に戻った。

そんな私に、容赦なく、さらなる試練が訪れた。気が強いのに泣いてばかりの私をいつも明るく励ましてくれ、心から頼りにしていた同じ部署の先輩が、体調を崩して休職することになってしまったのだ。絶体絶命のピンチ。

でも、追い込まれると、人は強くなるみたいだ。グズグズ泣いていても仕方ない。この状況は、自分でなんとかするしかないのだと思った。私は、コツコツと業務マニュアルを作り始めた。ミスを減らすため、自分の仕事を整理し、手順を確認するためのものだった。

同時に、それほど遠くない将来、私の仕事を引き継ぐ後輩が、少しでも楽できるようにするためだった。

秘書の仕事をしていて、何より楽しかったのは、上田副社長のところに舞い込む新規事業の提案だった。企画書のファイリングをする際に、中身をこっそりのぞいてはワクワクしていた。今ではパソナグループの屋台骨である、福利厚生代行会社「ベネフィットワン」、人材紹介会社「パソナキャリア」、ITエンジニア派遣会社「パソナテック」などは、当時、社内ベンチャーとして立ち上がったばかりだった。それらの指導役が上田副社長だったので、私は社内ベンチャーの最新状況を知ることができた。上田副社長は阪神大震災後の神戸の復興のためパソナが立ち上げた「ハーバーサーカス」という商業施設の経営も担当していたため、何度か神戸出張にも同行した。当時、私はパソナの中で、最もパソナらしいエネルギーに満ちた部署にいたのだ。

しかし、自分に求められているのは、秘書として副社長をサポートすることであり、私が考えたり、実行したりする立場ではなかった。自分自身に力をつけなければ、おもしろい仕事には携われない……。そんな焦り、苛立ちを覚えていた。力をつけたい。そのためには、やはり営業経験が必要だと思った。また、秘書のように「できて当然、できなければマイナス」の減点評価ではなく、自分の努力がそのまま成果となって数字に表れるだろうことも、営業という仕事の魅力だった。

入社三年目、大学のときから付き合っていた彼との結婚を機に、私は営業部への異動を申請した。大好きだった上田副社長とのお別れは、とても寂しかったが、上田副社長は、私の性格をよくよく理解してくれて、笑顔で送り出してくれた。

念願の営業チームに

横浜の営業部「神奈川グループ関内チーム」に配属され、意気揚々と、営業の仕事を開始した。主には飛び込み営業だった。

忘れていた。新人時代にＯＪＴ研修で飛び込み営業をして、簡単にくじけていたことを！　朝一〇時にはオフィスを出て、夕方までずっと外回り。足も心も疲れ果てたが、喫茶店で少し休むことにも、仕事をサボっているかのような罪悪感を覚えた。どうしていいのかわからず、雑居ビルの非常階段に、座り込んだ。最初にオーダーをくださったのは、ある建設会社の事務所だった。あのときの感動は、今でも忘れられない。

しばらくして、私は、またしても結婚退職する先輩から、現得企業（すでにお取引のある企業に対する、パソナでの呼び方）を二社、引き継ぐことになった。どちらもソフト開発の会社で、あわせて一〇〇名ほどのSEやプログラマーを派遣していた。新規で開拓する企業の対応とはまったく異なり、すでに関係がある現得企業の担当者は、私の心のオアシスだった。オーダーに応えられるよう、初めて聞くIT用語にもめげず、一生懸命働いた。

当時、「二〇〇〇年問題」と呼ばれる、コンピュータシステム上の不具合が心配されていた。古いプログラムを修正するという特需のピークでその二社を引き継いだのだが、当然ながら、特需が終われば、契約終了の嵐だった。私の売り上げは、みるみる下がっていった。「月間売り上げ、対前年比五〇％」という不名誉な記録を経験した。「私のせいじゃないのに」と思いながらも、焦った。

携帯電話や、カーナビの発達で、プログラム開発の仕事は大きなニーズがあり、SEやプログラマーといった人材の派遣依頼は続々と入ってきた。しかし、コンピュータ言語にはさまざまな種類があり、仕事の依頼に対応できる人材がなかなか見つからない。登録者の検索システムを使って人を探すのだが、そもそもエンジニアの登録者が少ない上、個々人に特有のスキル情報が登録されていない。そこで私は、システム部に頼んでパソナに登録されているすべてのプログラム技術者のデータベースを取得し、四〇〇〇人にアンケートを送ったり、片っ端から電話をかけたりして現状確認を始めた。いま現役で仕事をしているかどうか、働く意思があるかどうか、どんな言語や業界での経験があるか、などを徹底的に把握していった。

新しい試みを自由にやらせてくれる環境がパソナにはあった。当時、神奈川県を管轄していたグループ長は、私たちが活動しやすいように、神奈川県下のＩＴ企業を専門に担当するチームとして、「関内第二チーム」を作ってくれた。女三人の小さなチームだったが、私はチーム長として、売り上げを管理したり、営業計画を立てたりした。売り上げが落ち込み、苦しい状況ではあったが、役割を任され、新しいことにチャレンジするやりがいを感じていた。

直面した「産休」の壁

そんな矢先、妊娠した。子どもが大好きだったので、単純にうれしかった。もちろん産休を取って、仕事に復帰するつもりだった。両立はなんとでもなるだろうと思っていたし、子どもを持つことで、自分の生活が大きく変わるとは思っていなかった。

ところが、周りの反応は、予想外だった。妊娠を報告すると、上司はとても残念そうな顔をしながら、こう言った。

「ま、おめでたいことだからな、残念だけど仕方ないな」

「ご迷惑をおかけします。でも、もちろん、復帰しますから大丈夫ですよ」

「そうだな、ぜひ頼むよ。まあ、これまでとは同じにはいかないと思うけど……」

同僚や先輩たちの反応も、複雑だった。一言目に「おめでとう」って言ってくれる人は、とても少なかった。なんだか、残念がられてばかりで、期待を裏切ったような、後ろめたい気持ちになった。


つわりは、軽いほうではあったが、それなりに辛かった。チーム員に迷惑をかけまいと、妊娠六カ月まで通常の外回りの営業をした。誰かに会っているときは、気も張っているのだが、電車に揺られてオフィスに帰ると気持ちが悪くてぐったりして、まったく仕事に集中できなかった。同僚に、「そんな顔されたら、こっちが気を使うので、早く帰ってください」と言われ、しゅんとして家に帰ったりもした。

それでも、おなかに赤ちゃんがいる、というのは幸せな気持ちだった。初めて胎動を感じたのは、仕事でクレーム対応をしている最中だった。不信感をあらわにしている企業担当者を前に頭を下げ、今後の対応について説明をしていると、「ぐにゅっ」とおなかの中で赤ちゃんが動いたのだ。「おかあさん、がんばれー」と言われているみたいで、うれしさが顔に出ないようにするのに苦労した。

その頃、チームは、「ITエンジニアリング派遣事業部」に格上げされ、東京本社に移ることになった。新しい事業部長が配属されることになり、私は自分がひっぱってきたチームのこれからの展開に後ろ髪引かれる思いで産休に入った。

第一子、誕生！

二〇〇〇年一〇月二五日、二九六〇グラムの女の子が生まれた。麻酔で意識はもうろうとしていたので、出産したときのことはよく覚えていない。帝王切開だった。その前日の定期検診時に、心音が不安定と診断され、緊急入院したのだった。傷口はしばらく痛んだけれど、無事に生まれてきてくれて本当によかった。

子育ては、楽しかった。まだ、骨も筋肉もしっかりしていない、ふにゅふにゅの赤ちゃん。授乳のとき、おむつを換えるとき、お風呂に入れるとき、小さな命が、私を必要としてくれていることを実感し、幸せな気持ちになった。ほっぺをつんつんするとニコッと笑ったり、離乳食を食べるようになってウンチが固形化したりしてくるのにいちいち感動し、ハイハイやお座りができるようになると、手をたたいて喜んだ。もちろん、いくらあやしてもなかなか泣きやまないことなど、大変な面もあったが、新しい家族のおかげで家の中は、とても賑やかになった。

その喜びとは裏腹に、私は、なんだか自分が社会から疎外されているかのような気持ちに苛まれた。夫が出かけてから、朝の芸能ニュースを見て、洗濯物を干す。ベビーカーを押して公園に行き、まだ反応の少ない娘に一方的に話しかける。「達成感」とか「やりがい」といったものが感じられないまま、時間だけはずるずると過ぎていった。週末、夫が家にいても、家にいる時間が長い私が家事をするのが当たり前のようになってしまい、気がめいった。自分の思い通りにならない存在にイライラし、あやしても泣きやまない娘をしばらく泣かせっぱなしにしたりした。仕事に関わりそうな「何か」をしていないと落ち着かなくて、ホームページ作成の勉強をしたり、衛生管理者の資格取得の勉強をしたりした。職場復帰が待ち遠しかった。

不満だらけの職場復帰

一〇月に出産して、翌年の四月には子どもを保育園に預け、五月には早々に職場復帰した。休職前、私がリーダーを務めていた部署に、エレメンタリー（一般社員）の役割で戻ることになった。つまり、「降格」。残業ができないだけで、能力が変わるわけではないのに……。でも、「何かあったときに、責任取れる対応ができますか？」と言われれば、納得するより仕方がなかった（注：現在は、制度が改善され、状況によって判断されることになりました）。

娘を保育園に預けている時間は、身が軽かったが、前と同じようには仕事ができないことは、すぐにわかった。娘がお世話になる保育園は、朝七時から、一歳未満は一七時までで、一歳以上は一九時まで預かってもらえるところだった。一歳までは、社会福祉協議会のあっせんで、ご近所の家庭で安い料金で預かってもらえる「ファミリーサポートさん」二人にお願いして、一八時まで交互に預かってもらった。一歳になってからも、通勤は片道一時間かかるので、夕方一八時には仕事を切り上げてお迎えに向かわなくてはならない。つねに時間との戦いで、会社を出てから駅まで、駅から保育園までは、ハイヒールで猛ダッシュ。

また、子どもの熱が三七・五度を超えると、すぐに保育園から会社に連絡がくる。明日までに急いで契約書を作成しなければならないような場面で連絡があったりすると、私の担当する仕事を誰かにお願いしなくてはいけない。そのしわ寄せは、同僚に行く。最初のうちは快く引き受けてくれていた後輩たちも、だんだん「またか」という表情になっていった。周りに迷惑をかけるのが、とても心苦しかった。

さらに、私を落ち込ませたのは、「期待されていない」事実だった。営業のミーティングや、年度の目標や方針を決めるミーティングに呼ばれない。以前は、自分がチームを取り仕切る立場だったのに……。決定された方針に、「もっとこうした方がうまくいくんじゃないの?」と、何かと口を出したくなる。そんな私に、後輩や上司は、困惑した様子だった。そう、自分の意見など、必要とされていないのだ。期待されているのは、時間内に任された仕事を終わらせること、できるだけ他の人に迷惑をかけないこと。

きちんと責任を持ってやりたいのに、時間の確保すらままならない。任せてもらいたい役割は、求められていない。このジレンマは、日増しに大きくなっていった。

海外でＭＢＡを取ろう! 目指せ、子連れ留学

自分のやりたいことって、何だったんだろう……。

私は改めて考えた。パソナに入ったのは、「社会の問題点をビジネスを通して解決する」という企業理念に憧れたから。そう、私は社会の役に立つ仕事がしたかったんだ。

でも、会社に期待されていない私が、自分のやりたい仕事なんて、させてもらえるわけ

がない。転職も考えた。でも、これだけ女性が活躍しているパソナですら、子育てとの両立に関しては難しいのだ。転職活動をしたところで、結局子育てのために時間の制約がある上、たいしたキャリアも資格もない二〇代後半の女性を採用してくれるところがあるとも思えない。

悩んだ私が出した結論は、「ＭＢＡ（経営学修士）を取る」だった。ビジネスを基本から学べる。自分でビジネスを立ち上げることができたら、自分のペースで仕事ができるから、子育てとの両立も可能だ。就職するにしても、経歴に「ＭＢＡホルダー」という箔がついているほうが圧倒的に有利だ。

どうせやるなら、海外で学びたい。私が卒業した津田塾大学は、明治時代に六歳でアメリカに留学した津田梅子氏が作った私塾が始まりで、英語教育で有名だ。しかしながら、私は留学経験があるわけでもなく、英語にはまだまだ苦手意識を持っていた。どうせやるなら、海外でＭＢＡを取ったほうが、英語も上達するだろう。そうすれば、もっと自由にビジネスができるのではないか。社会の課題をビジネスで解決しようとする「社会起業家」という言葉がはやりだしていた。アメリカのＭＢＡでは、大学院を卒業後、ＮＰＯに勤める人も少なくないと聞いた。

子どもがいるが――連れて行こう。子どもを育てながら、大学に通うのも、海外なら特別なことではないというではないか。日本では例が少ないものの、実際に子連れ留学をしている人がいることも調べてわかった。できないことはないだろう。高いハードルを課した方が、自分が成長すると思った。

朝四時に起きて、勉強を始めた。週末は、留学のための専門学校にも通った。授業料は一〇〇万円くらいかかったと思う。それでも、子育てしながら、仕事をしながらの勉強は、まったく時間が足りなかった。まとまった勉強時間を確保したかった。

いいことを思いついた。もう一度、産休、育休をとろう！

子どもは一人っ子にはしたくなかったし、まとめて育てた方がいいと思ったので、二人目を早くに産もうと思った。ほどなく妊娠し、二度目の産休、育休は勉強時間にあてた。子連れ留学に向けて、着々と準備を進めていった。

第3章 運命的な出会い

キャンパスビジットで思い知った現実

「二人の子どもを連れてMBA留学をする」。私は夫に、MBA留学がいかに私の人生にとって大切なことか、熱く語った。突然の意志表明に夫は目を丸くしたが、最後には「気持ちはわかった。やるだけやってみたら」と言ってくれた。内心「突拍子もないことを言っているが、現実がわかれば、そのうちあきらめるだろう」と思っていたのかもしれない。でも私の決意は固かった。

二年間のMBA留学には、学費と生活費合わせて、一五〇〇万円~二〇〇〇万円のお金が必要だった。数百万円の貯金と、株式公開前から持ち株会で購入していたパソナの株があったし、奨学金や子どもたちの生活費として夫から仕送りをもらえれば、なんとかなるだろうとすごく楽観的な計算をしていた。

会社には、留学について内緒にしていた。二度も産休・育休をとらせていただいたのに、申し訳ない気持ちがあった。でも、このままでは、きっと私は自分の人生に後悔してしまう。ＭＢＡ留学、そしてその先に広がる自分の可能性に賭けてみたい。


育児休暇から仕事に復帰する直前の四月、私はアメリカにある志望校五校に、キャンパスビジットに行くことにした。自分の目で大学の授業や雰囲気を見てみることが一番の目的だったが、同時に、子どもがお世話になる保育園や病院、治安やスーパーなど生活環境を見てくることも、大きな目的だった。一週間不在にする間は、岐阜に住む義母に来てもらい、子どもたちの世話をしてもらった。

海外には何度も行ったことがあったが、一人で旅行するのは初めてだ。緊張しながらの出国。ここに子ども二人がいるとしたら……と思うと、やはり子連れで慣れない海外で暮らすことの大変さ、心細さは、容易に想像できる。

飛行機とタクシーを使って、志望する大学のキャンパスを訪れた。事前にメールでやりとりをしていた日本人留学生の助けを借りて、ＭＢＡの授業を見学させてもらった。授業が始まる前に、日本人留学生が教授に、日本からのキャンパスビジットです、と私を紹介してくれた。時々、授業の冒頭で一言挨拶をするよう求められることもあり（もちろん英語で！）、とても緊張した。

授業はたいてい、教授と学生の軽快なやりとりから始まった。しかし、……わからない。それなりに受験で求められるＴＯＥＦＬやＧＭＡＴなどの試験の点数を上げて自信をつけていた私だったが、そのやりとりがさっぱり理解できなかった。

さらに、学生たちは、事前に分厚い課題図書を読んでくるように言われており、授業はその知識があることを前提に、議論を通して理解を深める形で進行していく。課題図書は、もちろん英語。半端じゃない量だ。さらにそれを自分なりに咀嚼し、自分の考えを発表していかなければいけない。成績は授業での発言と、レポートで決まる。成績が悪いと卒業できない。泊めてもらった日本人留学生も、「申し訳ないけど、明日の授業の課題をあと二〇〇ページ読まなくちゃ」と、あまり話し相手にはなってくれなかった。

ＭＢＡの授業はついていくのが本当に大変、と聞いてはいたが、なんとかなるだろうと思っていた。百聞は一見にしかず。完全に、打ちのめされた気分だった。

生活面でも、現実は厳しかった。治安の良いエリアを選ぶと、家賃も保育園もとても高かった。見学に行った保育園は一人、月一二万円とのこと。日本なら、二人目の子は半額になるといった制度もあるが、そこには、そのような制度はないとのこと。免許はあるのでアメリカでの車生活も大丈夫！　と安易に思っていたが、現地で車を調達するのに、またお金がかかる。日本車は現地でも人気で、中古車でも一〇〇万円近くする。

日本に帰る飛行機の中で、留学をもう一年先に延ばそう、と決意した。その間、日本でできることを全部やろうと思った。もっと英語力を磨き、英語を速く読めるようになろう。自分の意見をもっと自由に話せるように、経営に関する話題や知識は日本語で仕入れて頭に入れておこう。そしてもっともっとお金を貯めなくちゃ……。

二度目の復帰で見えてきたこと

翌月、ゴールデンウィーク明けに、パソナに復帰した。

配属されたのは「業務部契約管理グループ」という部署。派遣スタッフおよびクライアント企業との三者契約の契約書を作成、管理する仕事をすることになった。営業からの指示に基づき作成するだけでなく、契約内容が労働基準法や労働者派遣法など法律に反しないよう、チェックしなければならない。……そう、私が苦手とする「ミスの許されない」

仕事だった。とにかく辛抱、と自分に言い聞かせた。

忙しい毎日が再開した。朝四時に起きて、英語と経営学の勉強。六時半ごろ、子どもたちが起きだすと、家事の時間。洗濯物を干し、慌しく朝食を食べさせて、保育園の準備をし、自分の身支度を整えて、八時には家を出る。二人の子どもを自転車の前と後ろに乗せ、ハンドルに荷物をかけて、重いペダルをこぐ。保育園に預け、駐輪場に自転車を置いて、猛ダッシュで駅へ走る。九時少し前に始まる朝礼中にオフィスに滑り込む。一八時に仕事を終えて会社を出る。一九時の保育園お迎えはいつもギリギリ。電車が遅れたりすると、ママ友達と、携帯メールでやりとりして、協力する。家に帰ると休む間もなく、夕飯の支度、夕飯、入浴、洗濯物の取り込み、食器の片付け。二一時を目標に子どもたちを布団に入れるのだが、だいたい二一時半になってしまう。絵本の読み聞かせを試みるも、一分もたたないうちに自分が先に寝てしまう。一日はあっという間に過ぎていった。

職場では、仕事を教えてくれるのも、ミスを指摘してくれるのも、後輩だった。後輩たちがミスなくしっかり仕事をしているのに、またケアレスミスをしてしまうことに落ち込んだ。そのくせ、納得いかないことがあると「この法律の方がおかしい！」と法律に文句をつけたりした。さらに、「自分に向いていない仕事」しか与えてくれない会社にも、苛立ちを強めた。会社の福利厚生制度で補助申請した内容が規定に合ってないと差し戻されると、人事部の担当者へ「使い勝手が悪い」とクレームを言いに行ったりもした。つくづく、面倒くさい社員だったと思う。

そんな私に、復帰から半年ほどして異動の辞令が出た。異動先は「人事部人財サポートグループ」。人事部の中でも、社員の給与や社会保険、福利厚生、契約社員の契約管理などを担当する部署だった。担当することになったのは、契約社員の契約管理と社会保険の仕事。業務部の仕事と同様に、ミスの許されない細かい仕事だったけれど、「人事部」という部署で仕事をさせてもらえることは、会社に認められたようでうれしかった。

さらに、以前、私がクレームを付けた福利厚生制度の制度見直しを担当させてもらうことになった。それまでパソナの福利厚生は、独身寮や、扶養家族を持った男性社員の住宅補助に使われていることが多かったが、それをどの社員にもできるだけ公平に使えるよう、カフェテリアプランを導入しようとしていた。

現制度の問題を整理したり、理想的な解決策を検討したりするのは得意だ。制度見直しの上では、利用者として自分の実体験も生かせると思って、ワクワクした。ところが、自分にとって良いと思うことを、他の人みんなが良いと思うわけではない。ここで私は制度を作ることの難しさを知ることになった。

福利厚生全体の予算は大きく変わらない方針が前提としてあったため、既存の福利厚生費を削る必要も出てくる。当然のごとく、反発がある。社員一人ひとりは、制度変更を全体としては捉えず、自分が利用できる内容が実際どう変わるのか、に関心がある。一人ひとりにとって制度がどう変わっていくのかを見なくてはならない。クレームを言ってくる社員を「なんてわがままなんだろう！　こっちの苦労も知らないで」と憎らしく思ったりする。以前は自分もしていたクレームなのに、受ける立場に変わると、辛くて辛くて仕方がない。立場が変わると、こんなに見え方が違ってくるものなんだ、と気づいた。

当時のパソナは、ワーキングマザーが増えつつあった。会社は、制度の見直しを進めていた。子どもを二人産んで仕事に復帰している私の存在は、かなり珍しかったので、制度作りの参考意見や、ロールモデルとしての役割を期待された面もあったようだ。

秘書室のベテランママ先輩と、「キャリアママプロジェクト」を立ち上げることになった。ランチタイムに会議室に集まって、ご飯を食べながら情報交換しましょう、というものだ。月に一回くらい、一〇人前後が集まった。夫の育児への協力が得られないとか、病気のときにどうしているか、とか。話題は尽きず、いつも休憩が終わる時間ぎりぎりまで話をしていた。

同じように子育てに悩む後輩のために、自分の経験を役立てられることはうれしかった。

そして、その交流の中で、私はまた新しい発見をしたのだ。

あるとき私は、復帰後に感じていた職場への不満を口にした。

「復帰した人をリーダー職からエレメンタリー（一般社員）に降格にするのは、やめてほしいですよね。自分の能力が落ちたわけではないのに。むしろ、私たちは両立のため時間が制限されるから、より効率的に仕事をするように意識せざるをえないでしょう？　間違いなく生産性は上がっているのに、おかしいですよね」

するとと出席者の一人がこう言った。

「たしかに、お給料は下がりますけど、私は全然気にしていません。むしろ、残業しなくていいし、責任も軽くなって、ウレシイです」

「えっ……」私は言葉が出なかった。

他の出席者も口々に、私が予想もしていなかった発言をした。

「私は、子どもとの時間をしっかり取りたいです。仕事は、代わりの人がやってくれるけど、母親は自分しかできないじゃないですか」

「実際、残業もして、責任も持って、仕事はできないですよね。そのときに、周りに迷惑をかけてしまうことに気を使うくらいなら、最初から残業しなくていい『お墨付き』みたいなのをもらっておく方が、双方ストレスにならなくていいですよね」
「むしろ、バリバリ仕事できるキャリアママが出てくると、ゆっくりペースで働きたいと思う人にとっては、プレッシャーになりますよね。やる気ないのか？　と周りに思われるような気がして」

重要な仕事を任せてもらえないことを不満に思っていた私にとって、目からうろこが落ちた気分だった。ゆっくり仕事と育児を両立できればいい、と思っている人にとっては、今の制度はありがたいものだったのか……。

世の中には、いろんな働き方を希望する人たちがいる。その人たちみんなを満足させる制度を作ることって、本当に難しい。会社に文句ばかり言っていた私にとって、大きな気づきだった。

外国人と一緒にビジネスプラン研修

とても慌しい生活で、ちっとも勉強ははかどっていなかったが、ＭＢＡ留学をあきらめる気持ちはなかった。あきらめると、その後何もかも妥協してしまいそうで、怖かった。

そんな私に、エッセー（入学願書）の添削指導をしてくれたアメリカ人のエドは、女性のための奨学金プログラムを紹介してくれるなど、熱心に応援してくれていた。あるとき、エドが「JMEC」という研修プログラムを教えてくれた。

「リアルな英会話とビジネスが学べる、ケイコにピッタリのプログラムがあったよ」

それは、複数の外国の商工会議所が出資、連携して、日本に駐在する外国人の若手のビジネスパーソンに教育機会を提供する、という趣旨のプログラムだった。エドが言った通り、公用語が英語であり、しかもMBAに近い実践的なビジネス研修は、たしかに私にピッタリだった。英会話教室では、お金がかかるばかりで、効果はさほど期待できないと思っていたからだ。

全体で五〇名ほどの参加者募集枠に、日本人の枠が一〇名分ほどあった。日本語が必要なときに、彼らをサポートするためだ。参加目安としてTOEFLの点数が提示されていた。私の点数では少し足りなかった。

「点数はあくまでも目安。大丈夫かもしれないから、チャレンジしてごらん」

エドに励まされて、申込書を書いた。

やがてメールで、電話面接したい旨の返事が来た。電話面接は、仕事の昼休みの時間に設定された。その日はとても緊張して、仕事どころではなかった。昼休み、オフィスを抜け出し、指定された番号に携帯電話から連絡をした。相手は、とてもやさしい声をした年配の女性だった。私は子どもがいるけれど、ＭＢＡに留学してビジネスを学びたいと思っていることを、一生懸命に英語で伝えた。

数日後、合格通知のメールが届いた。

ＪＭＥＣのプログラムは、最初の二カ月間は講義、その後六カ月間はチーム作業によるビジネスコンペティションだ。コンペには八つの企業がクライアントとして参加しており、受講生たちはそのクライアントが抱えるリアルな課題に取り組む。六人前後のチームで、課題を解決するよう実行計画を立て、レポートにまとめ、プレゼンテーションを行うのだ。レポートとプレゼンテーションを審査員が評価し、優秀チームには、海外や国内の航空チケット、ノートパソコンがプレゼントされる。

一〇月、プログラムが始まった。場所は、なんと青山にあるカナダ大使館。

私は英語のコンプレックスに加えて、雰囲気に圧倒され、すっかり萎縮していた。それでも、新しいチャレンジに胸を躍らせていた。

運命の出会い

二カ月の講義が終わる頃、ビジネスコンペティションのチームが発表された。

私のチームは、日本人二名、外国人四名の計六名。いつもニコニコして親しみやすいイギリス人男性デイビッドは、大学を卒業してすぐに来日し、小学校で英語を教えていた。デザイン事務所で働く、ハンサムで紳士的なフランス人男性レジスは、映画でしか見たことのない挨拶のキスで私をドキドキさせた。知的でとてもオシャレなカナダ人女性ミスラは、ショップのインテリアを提案する会社で働いていた。ユーモアたっぷりにわかりやすい英語を話してくれるふくよかなアメリカ人女性ティシュは、大学講師をしていた。もう一人の日本人女性イクコは、留学経験があり外資系企業で働いていて英語はペラペラ。そんな国際色豊かな、素敵なメンバーたちだった。

続いて、私たちのチームに与えられた課題が発表された。チームに手渡された紙には、こう書いてあった。

孤児院を支援するための、CSRプログラムを企画提案してもらいたい。プログラムは、実現可能で、持続可能であること。社員が参加できること。できれば、企業と孤児院が一対一のペアになり、他企業も同じ仕組みで参加できるプログラムにしてほしい。提案されるプログラムが良いものであれば、ぜひ実行したい。そのプログラムの支援先となる孤児院が見つかれば、なお良い。

……なんてラッキーなんだろう。ＣＳＲ（企業の社会的責任）は、まさに学生のときから関心のあったテーマだ。しかも、今の自分には子どももいて、「孤児」の話は、他人事とは思えない。こんなにやりがいのある課題は、他にないだろう。チームメンバーたちも、社会的意義のあるテーマだと喜んでいた。いい仲間と、やりがいのあるテーマ。私は、とてもワクワクしていた。日本語が得意（！）な私は、ティシュと二人で、支援先のニーズ調査を担当することになった。

これが、まさに私が児童養護の問題に関わるようになったきっかけだった。私はあっという間にこの課題にのめりこんでいった。

児童養護施設の現場を知ろう

まずは、インターネットで情報収集。「孤児院」と検索をかけるが、なかなか期待するような情報がヒットしない。そのうち、私は今の日本に「孤児院」はなく、「児童養護施設」と呼ばれていることを知った。

児童養護施設に関する情報は、ネット上に少なかった。ましてや、どんな寄付やボランティアがほしいのかは、インターネットではわからなかった。私たちは、アンケートや訪問インタビューをすることにした。

どんな寄付をもらっているのか。寄付金はどのくらいもらっているのか。どんなボランティア活動を受け入れているのか。どんな支援を希望しているのか。……質問を考えアンケート用紙を作った。施設のＦＡＸ番号のリストも入手した。

そのとき、チームメンバーの一人が、こんな情報を持ってきた。

「日本から撤退することになった玩具メーカーが、サルのぬいぐるみの在庫をもらってくれる先を探しているらしいよ。児童養護施設への寄付にできないかな？」

「いいじゃない！　プレゼントになるね」

ちょうどクリスマスが迫っていた。

アンケート用紙の発送と一緒に、ぬいぐるみの提供について案内することにした。

サルのぬいぐるみ差し上げます。ダンボール一箱に七〇個入り。何箱でもご希望の数だけお送りします。ぜひ子どもたちのクリスマスプレゼントにして下さい。

関東圏の約一五〇の施設にFAXを送付した。しかし反応は鈍く、返信は二〇件ほどだった。そのうち、ぬいぐるみがほしいと希望があったのは、一〇件にも満たない。

私たちは、思わぬ反応に戸惑った。書き方がわかりにくかったのか、アンケートに答えなければぬいぐるみはもらえないと思われたのか等、いろいろ考えたがよくわからなかった。

アンケート回答用紙を見ていると、ちょっと気になるコメントがあった。

（ぬいぐるみ不要。）今の子どもたちは、モノにあふれています。モノを大切にする心を育むのに苦慮しています。

う～ん、これは、どういうことだろう……？　もしかすると、何か意図があって寄付を受け取らないのかもしれない。アンケートの回答だけでは、よくわからない。施設を訪問し、職員に会って話を聞きたいと思った。

早速、施設を訪問することにした。東京、千葉、神奈川の三つの施設にアポを取った。

そこで聞く話は、ビックリすることばかりだった。

「施設を運営するお金は、国と東京都が折半で負担していますが、何に使うか細かく定められています。食費は一人いくらまでと決まっているのです。たとえばテレビが壊れたとき、食費や電気を節約してお金を浮かせたところで、テレビを買うお金にはできません」

（えっ？　テレビが壊れたらどうするの？）

「クリスマスには、ケーキが食べきれないほど届き、腐らせてしまうこともあります。事前に問い合わせてくれればいいのに、サプライズで持ち込まれることもあるんです。よかれと思ってやってくれているんでしょうけどね」

（なんてもったいない！）

「本やおもちゃをダンボール箱に詰めて送ってこられることがあります。でも、施設の図書室には、すでに同じような本がいっぱいありますし、おもちゃも十分にあるのです」

（たしかに伝記や百科辞典ばかりあっても仕方ないかも）

「事前に何の連絡もなく、古着が送られてきたことがあります。ゴミとまでは言いませんが、かなり汚れていたり、着古されていたりする物でした。送ってくださった人に悪気はないと思いますが、もらう側としては、いい気持ちはしませんでした」

（もらえれば何でもいい、ってわけではないよね……）

「以前、企業からサッカーシューズを子どもたちに贈りたいというお申し出をいただいたことがあります。でも、子どもたちみんながサッカーをするわけではありません。また、子どもたちはみんなでお揃いの靴を履くことを嫌がるのです」

（わかる！　私も子どもの頃、三姉妹でおそろいを着るのは恥ずかしかった）

「お金の寄付があるなら、この建物を二年前に建て替えた際、建築費五〇〇〇万円ほどを借金しているので、その返済に充てたいです」

（う～ん、使途が借金返済では、寄付者の心をつかめないな……）

「子どもたちには親がいるので、夏休みやお正月には家に帰る子も多いのです。そのときに親がモノを買い与えたり、お小遣いを与えたりするので、モノにあふれています」

（えーっ！　親がいる？　家に帰る？　じゃあ、家で暮らせばいいじゃない？）

「虐待を受けた子どもは、大人を信じていません。対人関係に問題がある子が多く、学校で友達に暴力をふるったり、けんかばかりしたりします。引きこもりで学校に行けない子もいます」

（そうか、児童虐待！　ニュースで見たことがある。虐待を受けている子たちがここで保護されるのか！）

「かわいそうな子と遊んであげたい、と言われることがあります。でも、中には金髪にピアスで、夜、施設を抜け出して遊びに行ってしまう子もいるんですよ。警察に補導されて迎えに行くこともあります。そんな子どもたちと遊ぶイメージは、みなさん持っていないですよね」

（金髪、ピアス!?　企業の社員が、不良少年と遊ぶわけない！）

　ある施設で、「職員の採用条件を教えてください」と質問した。心理学などの専門的な勉強をしているとか、カウンセラーの資格を持っているとか、愛情深い、体力がある、といった理想の職員像を想像しながら。返ってきた答えは、まったく予想外のものだった。

「最低二年間、勤められることです。子どもたちは、新しく入ってきた職員を試すような言動をします。新しい職員は施設生活が長い子どもたちから嫌がらせを受けたり、何か問題があったら休日返上で対応しなければいけなかったり。仕事はとても大変で、バーンアウト（燃え尽き症候群）してしまう職員も少なくありません。施設職員の仕事は体力的にも精神的にもとても大変。最低二年は勤めて、子どもたちとの関係を作ってほしい」

（二年も勤められないって、何かおかしい。親代わりになんて、なれないじゃないか。組織のマネジメントの問題ではないの？）

さらに聞く施設長の話は、ショックだった。

「私は、祖父が始めたこの児童養護施設を継ぎたくはありませんでした。子どもの頃の私は、ヤクザが祖父の所に借金の催促に来るのを見るのが本当に嫌でした。五〇〇〇万円もあった借金は、祖父が作ったものではなく、施設退所者の保証人を引き受けたからです。自分のせいではないのに、祖父は頭を下げて謝っていたのです。最近、ようやく、その借金をすべて返すことができました」

（お世話になった施設を裏切る子がいるなんて、ひどい。なんて恩知らずなんだ）

五〇〇〇万円もの借金返済を優先せざるを得なかったという、その施設の建物は、相当に古かった。戦後間もない頃の粗悪なコンクリートで造られているため、壁はボロボロと崩れ、中の鉄筋がのぞいていた。

「今の耐震基準を満たしていませんので、大きな地震が来たらと思うと怖いですよね……」とあきらめ顔の施設長。

戦後、戦災孤児たちは、街を徘徊する浮浪児として邪魔者扱いされ、ここに収容されていた。しかし施設を抜け出して街に戻ってしまう子が多かったので、建物は脱走できないような構造を持つようになった。廊下の窓には、「鉄板」が張られており、そこに小さな穴があけられている。その穴からしか光が入ってこないため、廊下は昼間から薄暗い。

こんな場所で、子どもたちが健全に成長していけるとは、とても思えなかった（注：現在、この施設は新しく建て替えられています。建物の状況が特に悪かったため、優先的に建て替えをしてもらえたそうです。ちなみに、施設の建て替え費用は、全体の費用のうち四分の三は、公的に補助され、残りの四分の一は、その法人が負担することになっています）。

研修ではない、私自身の「課題」が見えてきた

私は、企業の寄付ではどうにもできない、なんだか大変な問題があることに、気づきはじめていた。最初は、各施設から寄付や支援の希望リストをもらい、それを満たす企業を探す、というマッチングプログラムを考えるつもりだった。ところが、想定していなかった事実が次々と出てきて、いったいどうすれば解決できるのかわからなくなってしまった。それでも、ニーズ調査の主担当であった私は、メンバーたちにたどたどしい英語で一生懸命その事実を伝えていった。

一方で、私は別の問題を抱えることになった。私たちは、六カ月という短い時間しか与えられていない研修プログラムで、結論を出さなければいけないのだ。チームメンバーたちは、児童養護施設の問題を知り、衝撃を受け、関心を持ってはくれたものの、迫りくる期限に、苛立ちを強めていった。

私は焦った。というのも、クライアントに、「いいプログラムができたら、ぜひ実行したい」と言われていたからだ。どんなにクライアントにとって「いいプログラム」を作っても、ニーズにそぐわないものなら施設側は喜ばない。民間からの押し付けの支援が、施設の不信を招き、施設の殻をますます堅くしていることは、これまでのヒアリング調査でわかっていた。メンバーにもわかってほしくて必死だった。メンバーに必死で説明している夢まで見た。なんと「英語」で。

そんな状況の中、私なりにひとつの結論を出した。それは「施設を専門的に支援するNPOを作る」というものだ。その提案を持って、いくつかの施設を訪問し、意見を聞いて回った。実施されることになった場合の支援先を探す目的もあった。「そんなNPOがあったらいいですね」と言ってくれる施設長もいて、私は提案内容への自信を強めた。

一方で、メンバーの反応は、イマイチだった。

「クライアントは、わかりやすいプログラムを希望しているわ」ティシュが言う。

「でも、それでは問題は解決しないの」と私。

「あなたが一生懸命なことはわかっている。でも、あなたはゴールを履き違えているわ」

ティシュは厳しく言った。「私たちはこの研修に、ビジネスを学ぶことを目的にして参加しているの。その成果物としてビジネスプランを書いているの。そのビジネスプランが一位を取ることが、私たちの目指しているゴールなのよ」

「でも……」私は不満だった。クライアントは、私たちの提案するプランがよければ、実行したいと言っているのだ。目指すべきゴールは、その先ではないか。

最終的に、私の意見は取り入れてもらえなかった。ビジネスプランは、社員が施設の子どもたちをディズニーランドに連れて行くという内容で提案された。わかりやすいプランは、コンペで二位を取った。ティシュが言った通りだった。

メンバーは喜んでいたけれど、私は素直に喜べなかった。自分の意見が却下されたことはもちろん辛かったが、同時に、自分が海外の人たちと一緒に取り組んだチーム作業がうまくいかなかったことにも落ち込んでいた。それまで私は、人と衝突することを恐れず正しいと思うことをはっきり言う自分は、日本よりも海外の方が活躍できるかもしれないという期待を持っていた。でもＪＭＥＣで仲間とうまくいかなかった理由は、「英語」という言語の問題だけではない。明らかに自分の頑固な性格やコミュニケーションの取り方に問題がある。思い通りに行かないことを環境のせいにして、現実から逃げていた自分を認めざるを得なかった。

誰かに期待するのではなく、自分でやろう

「チームのビジネスプランがコンペで一位を取る」という研修のゴールに、私はあまり貢献できなかったが、「英語力を鍛える」という個人的な当初の目的は十分達することが

できた。当時の私は、かなり英語を自由に話せるようになっていた。一年前に準備していたエッセーに少し手を加えれば、MBA留学の申請はできる状態だった。一年先に延ばしたことで、貯金もかなり増えていた。子どもたちも、自分でできることが増えていて、どんどん手がかからないようになってきた。

ただ、児童養護施設の「悲鳴」ともいえる現場の状況を知ってしまった以上、このままにすることはできなかった。

私は自分なりに「理想的な支援だ」と思う支援内容を企画書にまとめて、「よいプランなら実行する」と言っていたクライアントのところに直談判に行った。しかしながら、クライアントの返事は色よいものではなかった。

「NPOを作りたいんじゃないんだ。会社として、CSRプログラムをやりたいんだ」

ああ、ここでも私は相手の意図を見誤っていたんだな、と痛感した。

でも、そのアイディアには自信があった。なんとか実現させたい。もう一つの道に、チャレンジしてみることにした。パソナには、年に一度、「チャレンジの日」というビジネスプランのコンペがある。ここでプランが通れば、パソナが会社として取り組んでくれるだろう。そうすれば、私は安心して留学ができる。

自分のプランをさらにブラッシュアップして、コンペに臨んだ。結果は、最終選考で、敗退。いよいよ、実現は難しくなった。

どうしよう……。

私は悩んだ。こうしている間にも、大変な思いをしている子どもたち、そして子どもたちを支えるために志高く仕事を始めたのに疲れ果てて辞めてしまう施設職員がいる。こんな深刻な問題が日本にあるなんて知っている人間は、そうそういないだろう。しかも、この問題を解決するために、私には、練りに練ったプランがある。それに、何度もプレゼンテーションをするうちに、すっかり実現できそうな気分になっている。

自分でやるしかないな……！

私は覚悟を決めた。ＭＢＡ留学に行っている時間はない。すぐにでも始めなければ。子連れ留学ほど無謀でないと判断した夫は、「私財の持ち出しはしない」ということだけを条件に、快くＯＫをしてくれた。ＭＢＡのために貯めたお金もあるし。なんとでもなると思った。

第4章

ブリッジフォースマイル始動

まずは仲間探しから

児童養護施設を支援するNPOを作る決意をしたものの、何から始めていいか、わからない。

とにかく、相談できる仲間がほしい。JMECのメンバーは、二位を取ったことで満足したようだったし、やっとハードな研修が終わって旅行をするとか、習い事を始めるとか、次のことに関心が移っていたので、声をかける気にはならなかった。「児童養護施設の支援」という重たそうなテーマのNPOを、一緒に作ってくれる仲間なんているだろうか。一緒にNPOをやろう！　と誘ったら、新興宗教の勧誘とか、押し売り営業のように迷惑に思われないだろうか。私は、相手がどう受け止めるのだろうかと心配しながら、恐る恐る、でも努めて明るく、話をすることにした。

まずは、同じパソナの人事部にいた同期の山本をランチに誘った。山本は学生の頃、別の大学で私と同じアイセックという学生団体で活躍していた。それに、山本も子ども二人のパパだ。こういう活動に関心を持ってくれるかもしれない。

「実は私、ちょっと新しい活動を始めたいと思っているんだけど」食後のコーヒーを飲みながら、私は切り出した。「児童養護施設って知ってる？」

「なんか聞いたことある。でもよく知らない。孤児院のこと？」

「そう、昔の孤児院。でも、今は孤児ってほとんどいなくって、多くは虐待を受けて保護された子どもたちがいるんだよ」

「ああ、ニュースで見たことある。子どもが親に殴られて殺された事件があったよね。本当にかわいそうだよね」

「命が助かっても、その先も問題は山積みなんだよね。施設を出てから、仕事を辞めてホームレスになっちゃったり、暴力団や風俗店でいいように使われちゃったり」

「それは大変だ……」表情を曇らせる山本。

「でしょ？　なんとかしなくちゃって思うでしょ？」

「そ、そうだね」

「私、この問題を解決するのに、一つアイディアがあるの。『二つのギャップ』を解消するＮＰＯを作ろうと思うの」

「おお！　いいね。どんなギャップを解消するの？」

身を乗り出して聞いてくれる山本に、私は練り上げてきた事業コンセプトを説明した。

「一つは、児童養護施設と私たち一般社会とのギャップ。今、企業や個人から施設に寄せられる寄付やボランティアの申し出は、ニーズを満たしていない上に、迷惑がられたりしている。でも、なかなか本音も言えない。反対に、施設側も、実はいろいろ必要なものがあるのに、情報発信がほとんどない。双方が空回りしてるの」

「なるほどね。もう一つは？」

「もう一つは、恵まれた環境を用意できている施設と、できていない施設とのギャップ。その差が大きすぎるの。恵まれた施設の真似をするだけで、かなり状況はよくなると思うんだけど、できていない施設では、職員がすぐに辞めてしまったり、施設内暴力があったりで、悪循環している。外部のＮＰＯがその二つのギャップを埋める手伝いをするだけで、状況はかなり改善すると思うんだよね」

「なるほど。おもしろそうじゃん」山本はうなずいた。

「(やった！　よし、思い切って言ってみよう)……ね、一緒にＮＰＯ作らない？」

「いいよ、いいよ。やろうよ」

こうして、あっけないほどスムーズに、一人目の仲間を見つけることができた。本当にうれしかった。自分のやろうとしていることを理解してもらえて、ほっとした。

山本は、社内事情にも詳しかった。「○○さんは教育学部だったから、こういうことに興味あるかもよ。○○さんも学生時代にボランティア活動をやっていたはず」などと教えてくれた。そのうえ山本は、人を巻き込むのが上手だった。

「仲間を集めるために、まずは、こういうテーマに関心を持ちそうな人と、勉強会をすることから始めるといいと思うよ」

そこで、関心を持ってくれそうな人に声をかけ、業務が終わった後、社内で勉強会をすることにした。パソナには、私と同様、もともと社会貢献をしたいと思って入社した人が多い。二〇代～三〇代の男女六人が集まった。「大学で児童心理を専攻していました」という人や、「子どもが大好き」という人もいた。私は、ＪＭＥＣの研修で調査してきたことを、日本語で整理しなおして、勉強会で説明した。

ところが、二回、三回と勉強会を重ねるうち、参加者が集まらなくなってしまった。ある人が、参加しない理由を正直に教えてくれた。

「林さんがとても真剣にやっていること、よく伝わってきました。だからこそ、私が軽い気持ちで参加したら、かえって迷惑をかけてしまうと思いました」

私の熱意との温度差が、相手を引かせてしまったようだった。

そんな中で、継続して勉強会に参加してくれたのは、同じく人事部にいた後輩の森。物腰おだやかで、いつもニコニコしているので社内でも有名だった。山本が、「彼はこういうことに絶対関心あるよ」と言って誘っていたのだが、実は、森の伯母は教護院（現児童自立支援施設。不良行為を成すまたは成す恐れのある児童を入所させて自立を促す児童福祉施設）で働いていた。幼少の頃から、社会的に支援を受けるべき子どもたちの存在を知っていた森は、「とても大切なことだと思います」と言って、二人目の仲間になってくれた。

三人目の仲間、梅村は、私が高校卒業まで住んでいた名古屋で、同じ高校に通った友人だ。東京で小さいながらホームページ製作会社の社長になっていた。梅村は、「いまの日本のボランティアとか、社会貢献とかには、いい印象がない」と言った。「NPOのホームページを作って！」というお願いにも、「タダ（無償）じゃやらない。正当な対価はもらうよ！」というスタンスだった。ＮＰＯに向いていない性格なのは明らかで、私とすぐケンカのような議論になったが、企画好きの梅村は、新しい事業の立ち上げをおもしろそうと思ってくれていた。それに山本が言うには、「まったく異なる視点を持っている人がいるのも、組織にとって大切なこと」。クセはあるものの、梅村は実行力のある、頼りになるメンバーだった。

児童養護施設にビジネスチャンス到来？

私以外のメンバーは、児童養護施設を一度も訪れたことがなかった。私から間接的に聞く話も、あまり現実味がなかったようだった。そこでＪＭＥＣの研修で調査したときに訪問した、立川にある至誠学園という施設を、メンバーを連れて訪問した。至誠学園は、明治四五年に創設された「至誠学舎」から始まり、戦災孤児たちに寄り添い、生活してきた歴史のある施設である。高橋利一学園長は、子どもたちと寝食を共にし、統括学園長を務める傍ら、東京都児童部会の会長、日本社会事業大学の教授といった、複数の名刺を持っていた。立場の弱い子どもたちの代弁者として、現場の実践を通じた制度改善や次世代育成にもエネルギッシュに取り組まれていたためだ。高橋学園長は、児童養護施設の現状を何も知らない私たちにも、丁寧にわかりやすく説明してくれた。「時代の流れの中で、児童養護施設も変わっていかなければいけない。地域の中で外部の協力を得ながら子どもたちを取り巻く環境を作っていきたい」と、私たちの活動に期待もしてくれた。

私たち四人は確信を深め、週末に山本の家に集まって勉強会を継続しながら、NPOで何をするべきか検討した。経営用語に詳しい山本のガイドのもと、組織のビジョン、ミッション、バリューなどについて考えた。

「目的は『二つのギャップを解消すること』でいいんじゃない?」

「いや、それは手段であって、目的ではないんじゃないかな。組織のビジョンは、どこまで追求しても簡単には達成できないものがいいね。夢とか、幸せとかね」

「うーん……」慣れない議論で難しい。

私たちにとって「誰がお客さんか」についても、議論が紛糾した。

「もちろん、施設の子どもたちでしょ」と私。

「でも、お金は払ってくれないよね」と梅村。

「ボランティアを中心に事業を行うんだから、大してお金はかからないでしょ」

「そもそもボランティアをする人って、社会貢献活動すること自体に魅力や喜びを感じる人でしょ。普通、人は趣味には喜んでお金を払うんだから、ボランティア活動に参加費を払ってもらってもいいんじゃない？　僕たちはボランティアのためにも稼働するわけだし」

「時間を無償で提供してくれるんだよ。それに加えてお金をもらうなんて、ありえないよ！」

でも、たしかに活動には経費がかかるし、ちゃんとやるなら、スタッフが必要。スタッフを雇うとなれば、当然まとまったお金が要る。


ちょうどそんなとき、行政の動きがあった。東京都が、児童養護施設など社会福祉施設の運営改革を進めるための予算を組んでいたのだ。施設がコンサルティングを受けたり、職員が経営やリーダーシップなどの研修を受けたりすることを推奨し、補助するものだった。コンサルティング予算として一施設あたり三年間で計八〇〇万円、研修予算として職員一人あたり年間一〇万円。東京都には当時五六施設あったので、コンサルティング予算だけでも四億円を超える。

ところが、コンサルティングを利用することに消極的な施設が多いと聞いた。申請や利用そのものに時間がとれないという場合や、「外部のコンサルタントに何がわかるのか。どうせ組織をかき回されるだけじゃないか」と経営に干渉されることを嫌う場合もあるという。

でも、私たちにとっては、とても魅力的な話だ。私たちのNPOでコンサルティングをやって、その収入を他の支援活動や運営の資金にあてられないだろうか。

私は、パソナの先輩で尊敬する高橋美緒さんに相談した。美緒さんは、「EQ」という診断ツールをつかって自己理解や他者とのコミュニケーションの方法をセミナーで教えるため、会社を辞めて独立することになったばかりだった。自分の事業を立ち上げてまもないにもかかわらず、企業担当者を紹介してくれるなど、私の活動を積極的に応援してくれていてこの時も、仕事でつながりのあったコンサルタントを紹介してくれた。橋本堅次郎さんだった。橋本さんは、五〇歳過ぎの穏やかな人だったが、好奇心旺盛で、新しい取り組みにも積極的にチャレンジするバイタリティがある。九州の実家は保育園だったという橋本さんは、児童養護の問題に強く関心をもってくれ、施設へのコンサルティングに協力してくれることになった。

高橋園長に相談すると、子どもたちによりよいケア（支援）を行うため、施設職員の業務マニュアル作りにニーズがあるかもしれないと聞いた。アメリカの施設では、分厚いマニュアルがあって、新人職員の研修や、行動指針となって機能しているらしい。私も、マニュアル作りなら、仕事での経験が生かせそうだ。私たちのNPOでマニュアル作りを受託しよう！　ただ、このようなソーシャルワークを「事業」として行っていくためには、法人格が必要だとアドバイスを受けた。

急ぎ、ＮＰＯ法人を設立することになった。

ブリッジフォースマイル設立！

ＮＰＯ法人（特定非営利活動法人）を設立するためのガイドブックを読みながら、急ピッチで準備を始めた。

まず、最初に「役員」。ＮＰＯには、理事は三人以上、監事は一人以上が必要だった。山本、梅村には理事を、森には監事を頼むことにした。同時に、至誠学園の高橋学園長に、ＮＰＯの理事になってもらいたいと依頼した。私たちのような素人集団にとって、児童養護施設の現場で働きながら、業界全体を引っ張って来ている高橋学園長に協力していただければたいへん心強い。高橋学園長は、たいへん多忙であるにもかかわらず、「子どもたちの未来のために、民間企業にパートナーとして、協力してほしい。あなたたちを育てるつもりで協力しますよ」と言って、快く引き受けてくださった。

次は、「社員」。ＮＰＯには、社員が一〇名以上必要だ。役員五名を含めてもいいので、必要なのはあと五名。勉強会に参加してくれたことのある人にお願いして、一〇人分の社員名簿を整えた。

「定款」は、組織の法律ともいえる大切なものだが、山本がどこかから雛形を持ってきて、手際よく作ってくれた。ＮＰＯ法人として認定を受けるには、定款等の書類を提出してから六カ月ほどかかり、万一却下されるとさらに数カ月かかってしまう。東京都には事前に相談にのってくれる制度があったので、定款の内容を提出前にチェックしてもらい、修正した。立派な定款が完成した。

「財産目録」に載せる財産は、何もないのでゼロ。

「オフィス」は、立ち上げ前のＮＰＯがオフィスを借りられるはずもなかった。私の自宅はちょうどマンションを購入して引っ越し間近だったため、とりあえず山本の自宅をオフィスとして届け出をすることにした。

　そして、肝心な「組織の名前」。ブリッジフォースマイルという名前は、私がつけた。「児童養護施設と社会をつなぐ」という組織の目的が明確だったため、橋（Bridge）を入れたかった。「笑橋（わらばし）」とか「Bridge for Tomorrow」とか、他の候補もあったが、メンバーたちの圧倒的な支持を受けて、「ブリッジフォースマイル（Bridge for Smile：笑顔の架け橋）」に決まった。ロゴと名刺のデザインは、プロのデザイナーのいる梅村の会社に発注した。もちろん相応の対価を払って。三案出してもらったデザインはどれも捨てがたく、これから長く使っていくものだと思うとなかなか決められなかった。

最後に、申請に欠かせないのが、「設立総会議事録」。役員や定款などＮＰＯ設立に必要なことすべてを承認するために総会を開催し、それを記録したものだ。

二〇〇四年一二月五日、総会を開催した。お忙しい高橋園長のスケジュールに合わせて、至誠学園のバザーを一日お手伝いした後、夕方一六時から至誠学園の会議室で行った。といっても、総会はかなり形式的なもので、一時間も経たずに終わった。

東京都に申請してから半年後、無事に都知事の認証が下りたという封書が届いた。それを持って、今度は法務局へ法人登記の届出だ。定款や役員名簿、住民票など、必要書類に、真新しい法人印を押して、いざ、法務局へ。二週間後の六月八日、登記が完了し、晴れてＮＰＯ法人格を取得することができた。その足で、取得したばかりの登記簿謄本を持って銀行へ行き、口座を開設した。


こうした手続きはとても面倒だったけれど、組織としての形が着々と整っていくのは、うれしいものだった。

一方で、具体的な活動はまだまだ手探り状態だった。ボートと乗組員は揃ったものの、薄暗い霧の中、行き先の見えない大海に漕ぎ出すような気持ちだった。

わずか一〇品の物品寄付から始まった

ＮＰＯ法人の認証を申請中の二月。施設を卒園する子どもたちが、準備を始める時期だ。ＪＭＥＣでの調査の中で、施設を退所するときに、生活家電、家具、アパートの敷金や礼金などにかかるお金で苦労する子どもが多いことを聞いていた。

そこで、ブリッジフォースマイルの最初の活動として、生活必需品の寄付の仲介をしてはどうかと考えた。お金は出せなくても、モノを提供したい人は多いはずだ。引っ越したばかりの私の家にも、前の家で使っていたカーテンや照明器具、ちゃぶ台などがあった。他にも、そろそろ買い替えたいと思っていた、洗濯機とノートパソコンも、提供できそうだ。新しいＮＰＯをＰＲする機会にもなる。思い立ったが吉日！

生活必需品の寄付仲介の方法は、こうだ。

①提供する生活必需品のデジタル写真を撮る。
②ブログに写真と詳細情報（使用年数、メーカー、汚れや傷の具合など）を掲載する。
③提供物品リストを作る。

④児童養護施設にＦＡＸで告知する。
⑤施設からの申し込みを受け付ける。
⑥物品を寄付者から直接施設に送る。

友人にも、メールで物品提供のお願いをした。中古のノートパソコン、洗濯機、スチール棚、照明、ちゃぶ台など、二〇品くらいが集まった。といっても実は、半分以上は、私の家から提供したものだった。唯一、新品で女性スーツの提供があった。山本の知り合いに、女性用アパレルメーカーの御曹司がいるというので、協賛のお願いをしたところ、快諾してくれたのだ。

集まった品物をリストにして、都内の施設にＦＡＸを送ると、うれしいことに合計一〇点ほどの申し込みが来た。たった一〇点？　いや、これだって大きな支援だ。

スーツの希望者は三人。お店で試着して好きなものを選ばせてもらえることになったため、店舗に連れて行く必要があった。一人はすでに退所して静岡に行ってしまっていたため退所者一人で静岡にある店舗に行ってもらうことにした。他の二人は、ＪＲ大井町駅の駅ビル内の店舗に私が連れて行くことになった。

駅で知らない人と待ち合わせをするのは慣れていた。パソナで人材派遣の営業をしていたとき、駅で派遣スタッフさんと待ち合わせることがよくあったからだ。しかし今回は、初めて会う児童養護施設の退所者。これまで施設を訪問・見学したときは、職員と話すことが主目的だったし、見かけたのは小さな子ばかり。大きい子どもたちと会う機会はほとんどなかった。どんな子が来るんだろう……ドキドキした。

希望者の一人、沙紀さん（仮名）は、電車で片道一時間半かけて、時間通りにやってきた。素直そうな、素朴な印象の高校三年生だった。もう一人の子は、なかなか現れない。施設に連絡すると、出掛けたはずだというが、携帯電話を持っていないので、連絡がつかない。やむをえず、先に来ている沙紀さんだけを連れて店舗に向かった。

沙紀さんは、こういうお店での買い物に慣れてないのか、ぎこちない。はにかみながら、恥ずかしそうにスーツ選びを始めた。あまり鏡を見ようとしない。

もう一人の子が来るかもしれないので、私はその場を店員さんに任せて、バタバタと駅の改札に戻った。だが、さらに三〇分待っても現れなかった。

仕方なく店舗に戻った私の目に、真っ白のカジュアルなスーツを着た沙紀さんの姿が飛び込んできた。試着した姿を私に見せるために待っていてくれたのだ。

「いいね！　似合うじゃない」

照れくさそうに笑う沙紀さん。私はその姿を写真に収めた。

私たちは、店員さんに何度もお礼を言って、店を出た。スーツを入れた紙袋をうれしそうに抱えた沙紀さんを、私は喫茶店に誘った。

「施設を出た後は、どうするの？」気になっていたことを聞いてみた。

「これから、民宿の仲居として働きます」と沙紀さん。

「働くことに不安はない？」

「大丈夫です。職場の人もやさしそうだったし。辞めても帰る場所はないし」

「そっか。……仕事、がんばってね」

私は、気の利いた言葉を言えない自分に歯がゆさを覚えながらも、会話や言葉を選びながら、言葉少なに話をした。


沙紀さんと別れてから、来なかったもう一人の子についてどうするか、改めて施設に電話して相談した。職員はこう言った。

「せっかくなのに申し訳ないのですが、本人は、もう要らない、と言っています」

私はビックリした。

「えっ？　スーツを無料でいただけるのに、ですか？　要らないのですか？」

「引っ越しの準備もあって、試着に伺う日程の都合もつかないのです」

「そうですか……」

せっかくスーツを無償でもらえるというのに。どうして、要らない、という気持ちになるのか、私にはよくわからなかった。

こうして、ブリッジフォースマイルが独自に行った最初の支援活動は、すっきりしない気持ちを残して、終わった。それでも、この寄付仲介によってブリッジフォースマイルが一歩を踏み出したことは間違いない。一つの支援活動をやり遂げた自信が芽生えた。

NPOの活動に専念したい

至誠学園では毎年五月と一二月にバザーを開催している。五月の「ガーデンパーティ」は来場者数一〇〇〇人を超える一大イベントだ。地域の子どもたちにも楽しんでもらおうと、地域の大人たちや支援団体、大学生などが実行委員会を形成して実施される。職員は、子どもたちの日常生活の面倒を見つつ、こういったイベントの準備もしなければならない。

大きな負担を軽減するため、ブリッジフォースマイルがその運営をお手伝いすることになった。

私は会社を辞めて、ＮＰＯの活動に専念したいと思っていた。

というのも、当時、家の中は荒れ放題だった。五歳と三歳の子どもたちに対しても、ご飯を食べさせ、洗濯をして、保育園に送り届けるといった、「生きるための最低限の育児」しかしていない状態だった。週末もブリッジフォースマイルの活動のため、ほぼ毎週、子どもたちを夫、保育園、友人宅、実家のどこかに預けていた。子どもたちは、母親不在で精神的に不安定だったのか、よくケンカしていたし、よく泣いていた。私は、時間的にも精神的にも余裕がない中、子どもたちが騒いだり泣いたりするとイライラした。悪循環だった。夫ともケンカが絶えなかった。

このままでは、自分の家庭が壊れてしまう。会社を辞めて負担を減らすべきだ。

ＮＰＯを設立するにあたって夫とした約束を思い出した。「私財を持ち出さないこと」。私の貯金も、家族のものであり、勝手に使うことは許さない。仕事を辞めるということも、得られるべき収入を得られなくなるため、収入の目途が立たないかぎり、許さない。それが守れるなら、やってもいい。——そういう約束だった。

「コンサルティングの仕事ができれば、収入は確保できるから大丈夫」と夫に説明して、ＮＰＯが「ＮＰＯ法人格」の認証を受けた六月に、退職することにした。

南部代表の思いがけない支援

二回も産休を取らせてもらい、人事部で期待されたキャリアママのロールモデルとしての役割も果たせないまま、会社を辞めてしまうのは、本当に心苦しかった。しかし、辞めることが決まってからは、気持ちは軽くなった。昼間の時間を丸々ＮＰＯの活動に当てられるのは、とても幸せなことだった。


パソナに入社して九年が経っていた。最終出勤日は、感慨深い思いで、お世話になった人たちへメールを書いたり、挨拶して回ったりした。社会保険関係など、退職手続きを終え、パソナグループ代表の南部靖之氏に挨拶に伺った。入社してすぐ副社長の秘書をしていた私を、南部代表は、よく覚えていてくれた。

「今日が最終出勤日です。たいへんお世話になりまして、ありがとうございました」

「これからどうするの？」南部代表は未来のことに話を向けた。

「半年前に自分で立ち上げたNPOの活動に専念したいと思います」

「どんなNPO？」

「児童養護施設の子どもたちを支援するNPOです。この事業企画、実はパソナの〈チャレンジの日〉で最終選考まで行ったのですが、ダメだったんです。だから自分で始めることにしました」

「……企画書、もういっぺん持っておいで」

「は、はいっ！」

私はドキドキしながら、半年以上前にボツになった企画書を急いで探し、再び南部代表のところに持っていった。企画書を読んだ南部代表は言った。

「おもしろいやないか。これ、うち（パソナ）でやったらどう？」

「え～っ！　今、退職手続き、完了したところなんですよ」

「オフィスはあるの？」

「ありません。自宅をオフィスにしようと思っていました」

「そしたら、ここでやったら？　オフィスあったらいいでしょ」

南部代表は、人事担当の役員に連絡をとり、私には少し席で待つように言った。急展開に、心臓がバクバクした。

一時間もしないうちに、方針が決定した。私は、パソナに「籍」はなくなるものの、「事業開発室」という部署で、「席」を用意してもらえることになった。
こうして、私は退職後も、引き続きパソナにお世話になることになったのだ。

巣立ちプロジェクト始動

生活必需品の寄付仲介は、まずまずの反応を得た。職員や退所する子どもから届くお礼状には、「このような支援をうれしく思います」「何も持たずに社会に出る子どもたちに、皆さまの応援はありがたいです」など、うれしいものだった。その中に、こんな記述があった。

「子どもたちは、物だけでなく、一人暮らしの知恵も情報もありません。支えとなる大人の存在も必要です」

たしかに、生活必需品を多少もらっただけで、「自立」できるとは思えない。
それなら、セミナーをやったらどうだろう。一人暮らしを始めるにあたって必要なこと、たとえば家の探し方・借り方や、職場のコミュニケーションなら、社会人ボランティアにも教えられる。

早速、至誠学園の高橋学園長に相談した。退所してから一人暮らしがうまくいかなくなってしまう子どもたちもいるという。お金のやりくりがうまくいかず、家賃を払えなくなり、荷物を残していなくなってしまうことも少なくない。中には、切符の買い方がわからず電車に乗れない子どももいるという。社会でやっていける技術を身につける、「ソーシャルスキルトレーニング」が必要だと高橋学園長は言った。

学園長のご子息である高橋誠一郎さん（現在、「至誠大地の家」施設長）が代表を務めるＮＰＯ法人エンジェルサポートセンターが、二年前から自立支援プロジェクトを行っていると聞き、詳しく話を伺った。施設を出る前に社会人と触れ合うことは、役に立ちそうだという感触を持った。ただ、高校生になると、退所に向けてみんな一生懸命アルバイトをしている。部活動をしている子もいるので、週末セミナーに出かける時間を作るのはかなりハードルが高いとのこと。

そこで考えたのが、生活必需品の寄付仲介と組み合わせる方法だった。セミナーに参加する時間を時給一〇〇〇円で換算し、セミナーに参加すると、その金額分のポイントがもらえる。ポイントを貯めると、施設を出るときに必要な生活必需品と交換できる、という仕組みだ。我ながら良いアイディアだ。職員が高校生に、「スーツがもらえるから、行っておいで」とセミナーを勧めやすくなるだろう。

私はセミナーの内容を練り始めた。エンジェルサポートセンターと共同で実施することも考え相談したが、結論としては独自に行うことにした。エンジェルサポートセンターは、高橋誠一郎さんがアメリカ留学時に学んだプログラムを基に、しっかり組み立てられたセミナーを行っていた。「たとえ参加者がたった一人だったとしても、全力でサポートする」と彼らは言い、一人ひとりを丁寧にサポートすることを重視する。一方の私は、「できるだけ多くの子の支援をしたいので、早く仕組みを作りたい」と考えており、スタンスに違いがあった。一緒に実施する道は取らなかったが、「ブリッジフォースマイルのような、児童養護施設を専門に支援してくれる団体ができて、うれしいです。ぜひ、切磋琢磨してやっていきましょう」と言ってくれた。

八月、セミナーの内容や時間帯などを決めるために、東京都の施設にいる高校生と職員それぞれを対象に、アンケートをとることにした。セミナーは、「巣立ちプロジェクト」と名付けた。

01

02

01
ブリッジフォースマイルが開催する「巣立ちプロジェクト」修了式の様子

02
巣立ちプロジェクト修了式で渡すメッセージカード。サポーターが手間ひまかけた「作品」を部屋に飾ってくれる子もいる

ひとり暮らしハンドブック
巣立ちのための
60のヒント
林 恵子 編著
02
無理なく支払える
家賃はいくら？
暮らしにかかるお金
水道 2,000
ガス 3,000
電気 4,000
電話 6,000
食費 30,000
雑費 5,000
¥50,000
お給料
¥130,000
の場合
家賃
自分にかかるお金
おこづかい 20,000 ～30,000
貯金 10,000
¥30,000～40,000
¥40,000
くらいになるね！
家賃はお給料手取り額の 1/3 くらいに！
[契約更新時にかかる費用]
Money & Life

03

04

05

06

07

03
一人暮らしハンドブック『巣立ちのための 60 のヒント』。中高生にとって、わかりやすく親しみやすい絵と文を心がけた

04
巣立ちプロジェクト　セミナーの様子。高校 3 年生の横に、社会人のサポーターが寄り添う

05
巣立ちプロジェクト　調理実習。目の前にある食材からメニューを考えて、食事を作る

06
調理実習は、料理もそれなりにできることを証明するチャンス!?

07
第 1 期「巣立ちプロジェクト」のクリスマスパーティで記念撮影。高校生の参加者は 7 名だった

08

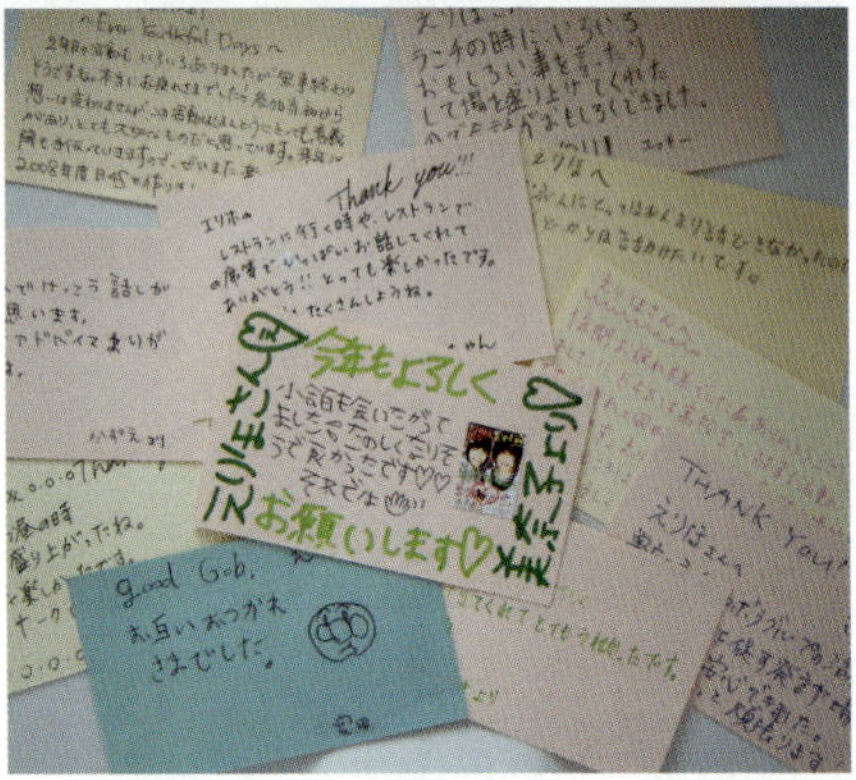

09

08
アトモプロジェクト 2008　夏合宿はテニス。木陰で手作りのお弁当を食べる

09
巣立ちプロジェクトで渡し合う「サンキューカード」

10
プリモ・ジャパンでの職業体験「ジョブプラクティス」。高校生がブライダルジュエリーの接客を体験

11
サポーターを対象にした「自立サポートスタッフ養成講座」。高橋美緒さんによるレクチャー

12
巣立ちプロジェクト 2010 の修了式後、高校生とサポーターで記念写真。64 名の高校 3 年生が参加した

10

11

12

13
生後 6 カ月の娘と。出産の喜びはとても大きかった

14
子連れ MBA 留学をめざしたころに使ったテキスト類。朝 4 時起きで勉強時間を捻出した

15
自分のキャリアに悩み始めたころ。焦りばかりが募り、進むべき道がわからなかった

13

14

15

16

17

18

16
「えんどうホーム」の遠藤浩さんと。厳しい言葉に悔しい思いもしたけれど、大切なことを教えてくれた私にとっての「児童養護の父」

17
会社を辞めてNPOに専念してからも多面においてお世話になっているパソナグループの南部靖之代表と

18
続けてこられたのは、家族の支えがあってこそ。夫と娘、息子に感謝

19

19

カナエール 2011　夢スピーチコンテスト。329 人の真ん中で、施設を巣立つ若者がそれぞれの夢を語る

続々と集まった協力者たち

内容の検討と平行して、セミナーの運営をするボランティアの募集を開始した。知り合いから知り合いへとメールで案内を回してもらったり、説明会を開いたり、たまたま講演会で隣りに座った人に声をかけたりして、一六名のボランティアが集まった。

すでに児童養護施設に支援を行っていた企業のＣＳＲ担当者から「ボランティアの方々に、児童養護施設の現状をきちんと理解してもらうことが重要だ」とアドバイスを受けていた。そこで事前研修を実施することにして、東京都内にある児童養護施設「共生会希望の家」の職員（現在は施設長）、麻生信也さんに、事前研修の講師をお願いした。麻生さんは、施設訪問の際に話を伺ったことがある職員だ。とても穏やかな方で、わかりやすく児童養護施設のことや子どもたちの問題について話してくれた。ボランティアが子どもたちに接する上での姿勢や、注意事項、職員が何を期待しているかも明確だった。ボランティア研修の講師は、麻生さんしかいない、と思った。麻生さんは、「自分にできることなら」と快諾してくださった。

セミナー講師として協力してくれたのは、企業向けの研修講師として活躍していた、パソナの先輩である高橋美緒さん。そのほか、同じくパソナの元社員の小川雅則とは、パソナ退職者の集まる飲み会で知り合った。たまたま私の前の席に座っていた小川は、研修会社に転職しており、小学生の教育にも携わっているという。セミナーのプログラム作りから協力してもらった。

セミナーの最終回には、「元気が出る生き方のススメ」という講座を用意した。女性起業家の鶴岡秀子さんによる講座だ。セミナーシリーズの最後はポジティブな考え方を子どもたちに伝えたい、と思っていた私は、ある会社のメールマガジンで鶴岡さんの「元気が出る教室」を知り、これだ！ と思った。すぐに講師をお願いしたい旨のメールを送った。その後、六本木ヒルズでお会いし、私の説明を聞いた鶴岡さんは、どんなプロジェクトになるかもよくわからない状態だったにもかかわらず、快く引き受けてくれた。

また、渡井さゆりさん（旧姓廣瀬、現NPO法人社会的養護の当事者参加推進団体日向ぼっこの理事長）との出会いも、この頃だ。ソーシャルネットワーキングサービス（SNS）の「ミクシィ」で活動日記をつけていた私は、渡井さんから突然連絡をもらった。「巣立ちプロジェクトに興味がある」という。施設退所者で、当時は福祉を学ぶ大学三年生だった彼女は、学業とアルバイトでたいへん忙しい生活をしていたにもかかわらず、ボランティアとして協力してくれることになった。当事者の意見は、とても貴重だった。しかも、私の一〇歳も年下とは思えないしっかり者で、自分の意見を持っている人だった。

「テーブルマナー講座」も開催することにした。引き受けてくれたのは、なんと服部栄養専門学校。「若いうちに一流を体験させる」というポリシーから、一流ホテルで経験を積んだプロの料理人である先生たち自らが、たった二〇〇〇円でフルコースを作り、テーブルマナーを教えてくださることになった。

まだ活動の一年目だが、びっくりするほど協力者に恵まれている。これなら、うまくいきそうだ。

セミナー受講者、わずか３名

いよいよ告知スタート。東京都内の約五〇の施設に、「巣立ちプロジェクト」の参加者募集の案内を送った。対象は児童養護施設の高校生。定員は五〇人。

あとは申し込みを待つばかりだ。まだパソナ内のオフィスが整っていなかったから、申し込み先は自宅のＦＡＸにしていた。毎日、家に帰ると最初にＦＡＸの受信を確認した。なかなか届かない。

ついに締め切り前日になっても、三人しか申し込みがなかった。胃がキリキリした。どうしよう……。

エンジェルサポートセンターの高橋誠一郎さんの言葉が頭をよぎった。「私たちは、たとえ参加者が一人でも全力で支援します」。彼らには、こういうとき、中止するという選択肢はないのだろう。でも、どうしよう。

ボランティアとして集まってくれた仲間に相談した。

「全然申し込みが集まらない。中止も覚悟したほうがいいかもしれない」

すると、あるサポーターがこう言ってくれた。

「たとえ参加者三人でも、セミナーを実施したという実績が残るのは大きい。申し込んでくれた三人のためにも、やるべきだと思います」

私は腹をくくった。

締め切り日の深夜と翌日に、追加で五人の申し込みがあった。合計八人になった！　募集した五〇人には遠く及ばないが、ほっとした。

とはいえ、参加者八名に対してサポーター一六人。サポーターの手が余ってしまう状況に、申し訳ない気持ちでいっぱいだった。サポーターが多すぎると高校生がプレッシャーに感じるのではないかと思い、サポーターの参加をお断りしようかと悩んだ挙句、事情を了解した上で、来てくれる人には参加してもらうことにした。

そして迎えたセミナー初日。八名のサポーターとともに、ドキドキしながら高校生を待った。

ところが、開始時間になっても、会場には高校生一人しか到着していない。焦った。道に迷ったという子もいて、遅れて二名が現れた。これ以上は待てない。サポーター八名、高校生三名で、巣立ちプロジェクトの第一回のセミナーが始まった。私は前に立ち、三人に向かって明るく挨拶をした。

「みなさん、こんにちは！　林恵子と申します。ニックネームは、『えりほ』です。旧姓が『堀江』というからです。さかさまに読むと『こいけえりほ』。芸能界デビューのときは、この名前で、と思っていました」

ちょっとだけ笑ってくれる高校生たち。

「さて、今日は、遠いところをお越しいただき、ありがとうございます。ブリッジフォースマイルは、今年できたばかりのＮＰＯで、この名前は、『笑顔の架け橋』という意味です。みなさんが社会に出て、一人暮らしを始めるための準備をお手伝いしたいと思っています。私たち社会人のサポーターは、みなさんより少し歳をとっている分、みなさんより少し経験があります。これから七回のセミナーでお会いする中で、ぜひ、いろいろな話を聞いてみてください。では、よろしくお願いいたします」

見知らぬ人同士が集まったばかりの緊張を解きほぐしていく「アイスブレイク」として、ニックネーム覚えゲームをした。全員が立って円を作り、手拍子を二回した後、次の二拍で右手、左手の順に親指を立て、自分のニックネームと、他の誰かのニックネームを呼ぶ。呼ばれた人は同じことを繰り返していく、というゲームだ。体を動かし、声を出すことで緊張を解いていくのだが、同時にニックネームを呼び合うことで、心理的距離を一気に近づけられる。少しずつ、テンポを速めると、おもしろくなってきた。

最初の堅かった雰囲気がほぐれたところで、渡井さんを含む二人の退所者の先輩に、話をしてもらった。アパートで始まる一人暮らしがとても静かでさみしかった話、学校とアルバイトで忙しい毎日を送っている話、周りの人が児童養護施設について知らない話……。真剣に聞き入る高校生たち。何を思っているのだろう。役立つと感じてくれるだろうか。退所後の生活にどんなイメージがわいているだろうか……。

いつしか話は終わっていた。三人の高校生は、最後に「楽しかった」「また来ます」と言って、帰って行った。たったの二時間のプログラム。遅刻もあったので、実質一時間半だ。あっという間に終わったが、なんだかどっと疲れた。

初年度の巣立ちプロジェクトは、オプション講座も入れると合計八回、各二時間のセミナーを行った。毎回、今日は何人来るだろうかと心配でたまらなかった。参加者二名の回もあった。それでも、高校生たちは、毎回「勉強になった」「いろんな大人と話せて楽しかった」「自分の話をゆっくり聞いてもらえてうれしかった」と感想を書いてくれていた。申込者は八人だったが、一度も来ない子がいたので、参加者は計七人。なんとか予定していたプログラムをすべて終えた。とにかく、ほっとした。

第5章 新参者の苦しみ

施設との信頼関係が大切だ

巣立ちプロジェクトは、毎回遅刻者がいてなかなか時間通りに進まなかったり、参加者が二人しか集まらない回があったり、セミナーの途中でお絵かきを始めたり携帯をいじったりする子がいたり。どう対応をしたらよいのか、いつも不安な状況でセミナーは進んでいった。それでも、終了後になかなか帰ろうとしない子もいて、私たちは、この場所、このセミナーを気に入ってくれた、受け入れてもらえた、と手ごたえを感じていた。

しかしあるとき、巣立ちプロジェクト参加者の施設職員から苦情が来た。

セミナーに行った子どもが、夜遅くならないと帰ってこない。どうやらセミナーが終わってから、新宿で遊んでいたらしいとのこと。それは巣立ちプロジェクトの問題ではないよなあ……と思いながらも、すぐに施設に謝りに行った。

「こちらの配慮が行き届かなくて、すみませんでした」

頭を下げた私に、職員は諭すように言った。

「子どもはセミナーを、外に行く良いチャンスと思っているんですよ。夜まで帰ってこないのは困るので、これ以降のセミナーに行くのを禁止することにします」

「あの……」私は驚いた。「私たちも参加者に注意するようにしますから、禁止にしなくてもよいのではないですか？　たとえばもう一回だけチャンスを与えて、次に同じことをしたら禁止にするとか……」

「いいえ、これからは参加させません」

「……そうですか」

きっぱりと拒絶する職員に、私はそれ以上、何も言えなかった。

また、あるセミナーで、「漫画家になりたい」と語る子どもに、「夢はあきらめなければ、かなうよ」と伝えたサポーターがいた。それを子どもから聞いた職員から、電話がかかってきた。

「あるボランティアさんが、子どもに『夢をあきらめるな』と言ったそうですね。失礼ですが、みなさんは、子どもたちの状況をどこまでご存知ですか？」

「あの……、勉強不足で申し訳ございません、どういうことでしょうか」相手のとげとげしい口調に戸惑いながら私は聞いた。

「子どもたちは、大学や専門学校に行きたくてもお金がありません。施設を出たら、自分で稼がなくては生きていけないのです。そんな子どもたちが、漫画家になって、生活を維持していけると思いますか？　『夢をあきらめるな』と言うだけなら簡単ですが、ボランティアさんが、どこまでその言葉に責任を持てるのでしょうか。子どもたちに対して無責任なことを言わないでください。私たち職員は、現実的な選択をさせなければいけない、夢をあきらめさせなければいけないのですよ」

施設職員は、強く苛立っていた。私はお詫びの言葉を繰り返すよりなかった。

この人の言う通りだ、と思った。子どもに私たちのセミナーを受講させることを不安に思われても仕方ない。私たちは、子どもたちの現実をよく知らない。しかも、子どもたちの将来について、何も具体的な支援方法を持っていない、責任も負っていないボランティアの立場だ。たとえ善意でも、無責任なことを言ってはいけないのだ。

施設職員との関係作りが欠かせない。この反省から、二年目の巣立ちプロジェクト実施にあたっては、まず施設との関係構築に力を入れることにした。できるだけ多くの施設を訪問し、直接会ってお互いの目を見ながら、活動が目指すものを説明し、協力をお願いする必要がある。訪問できない施設には、すべて電話をかけよう。丁寧に説明した上で、参加者を募集するのだ。

しかし、取り組みは難航した。施設を訪問させてほしい、とお願いするだけでも容易ではない。

「ブリッジフォースマイルと申します。児童養護施設の高校生を対象に、自立を支援する〈巣立ちプロジェクト〉というプログラムを実施しています。ぜひ、高校生にご参加いただきたいので、詳しいお話をさせていただければと思っております。施設長か、高齢児の自立支援をご担当されている職員様を一度、訪問させていただけないでしょうか」

「うちは、独自のプログラムを行っていますので、結構です」ガチャン。

取りつく島もない。保留音にし忘れた電話口の向こうで、「園長は外出中だと言って」と指示する声が聞こえることもあった。

施設長たちが集まる月例の会議で、説明のための時間を割いてもらうことができたが、関心がないのか、誰もこちらを見てくれない。他の資料を眺めては、時折、胡散臭そうにちらりと私を見る。一人、若い施設長がうなずいてくれたのが救いだった。

民間企業など「外部の人」の干渉を嫌う業界の閉鎖性は、話に聞いて知っていた。それでも、自分の活動が、支援をしたいと思っている相手の方々からあまり歓迎されていない状況は、とても辛かった。

「福祉」の世界とのギャップ

巣立ちプロジェクトで、一人暮らしに必要なことを教えるといっても、たった数時間で、必要なことすべてを教えることはまず不可能だ。そこで、セミナーには盛り込めなかった内容を、資料にまとめて、持ち帰ってもらおうと考えた。インターネット上でかき集めた情報をつぎはぎした簡単なものだったが、伝えたいと思うことをどんどん盛り込んだ。

そして、二年目の巣立ちプロジェクトについて、福祉医療機構（ＷＡＭ）に申請していた助成金二〇〇万円が下りることが決定した。大金だ。資料作りの延長で、この助成金の一部を使って、一人暮らしに必要な「ハンドブック」を作りたいと考えた。友人の紹介で、プロのライターさんに文章を書いてもらうことになった。

そんなとき、「リービングケア委員会」という施設職員の集まりでも、退所を控えた子どもたちに向けた自立支援ハンドブックを作りたいと考えていることを聞いた。リービングケア委員会は、自立支援や退所後援助の在り方を考える委員会で、施設関係者の集まりとしてはたいへん珍しく、外部の支援者や学生の見学を受け入れている。委員長を務める調布学園の職員（現第二調布学園の施設長）、春日明子さんは、若い意欲のある職員たちの新しい試みを見守り、明るく励まし、アドバイスをしている。春日先生の了解を得て、早速、次の委員会に参加させてもらい、相談を持ちかけた。

「巣立ちプロジェクトという活動の中で、高校生に使ってもらえるハンドブックを作りたいと思っています。子どもたちが社会に出る前に、知っておかなければいけないことがたくさんあります。施設を出てからの十分なサポートも期待できない中で、大事なことを知らないまま、退所していくのは、大きな問題だと思います」

「それは、その通りです」と職員の一人が言った。「退所者に、冠婚葬祭の本を買って渡したりすることもありますが、とても伝えきれていません。中には、銀行のＡＴＭ（現金自動預け払い機）の使い方も知らない子がいます。とはいえ、知らなくてはいけないことがあまりにも多すぎるし、施設にいる間に教えられることには限界もあります」

「そうですよね。ぜひ、一緒にハンドブックを作りませんか？」

私の提案に、リービングケア委員会の方々は賛同してくれたが、「何を伝えるかの選定も、伝え方も難しい」と言う。場を改めて、詳しい相談をすることにした。

ハンドブック製作に関する一回目の会合は、新宿の喫茶店で行った。私は、執筆をお願いすることにしていたプロのライターさんに同席してもらい、ハンドブックの目次の素案を持参した。委員会の方からは春日先生のほか施設職員三名が参加した。

「早速ですが、項目のたたき台を作ってきました。確認してください」

私の提示した資料を眺めた職員の一人が言った。

「ちょっと林さんのイメージを具体的に聞いてもいいですか？　たとえば、『食事のマナー』とありますが、どんなことを伝えるイメージですか？」

「……洋食、和食の基本マナーとかでしょうか」

「う～ん、箸の持ち方も満足にできない子もたくさんいるくらいです。退所後、ちゃんと食事を食べない子も多いですし。朝ごはん抜いたり、お菓子ばっかり食べていたり」

「箸の使い方は、施設では教えないのですか？」

「教えますよ。でも、しつけてばかりだと、食事の時間が楽しくならないですからね。施設に来る前の家庭で、満足に食事を食べさせてもらえなかった子や、食事の時間に何かあるとすぐ殴られていた子がいるんですよ。そういう子どもたちにとっては、食事の団らんが、楽しいと感じられないんです。最近、うちの施設では、しつけよりも食事を楽しく食べることを優先していますよ」

「でも、『楽しく食べましょう。三食、食べましょう』では、高校生に伝えるメッセージとしてはレベルが低すぎます。栄養バランスについてなどは、どうでしょう？」

「う〜ん、コンビニのお弁当でも、牛丼でもいいから、まずごはんをちゃんと食べなさい、と言いたいですね。それが子どもたちの現実ですよ。林さんの求めているものは、レベルが高すぎです。せっかくハンドブックを作っても、絵空事に終わっては意味がありません」

「では、いったいどんなことが必要とされているんでしょう。みなさんのお考えを聞かせてください」

「どう言ったらいいんだろう……。『一人の人間として社会の中で生きられる力』と言えばいいかな。最近この世界では、『生い立ちの整理』ということが注目されているんですよ。自分の過去や、親との関係など、歪んでとらえてしまっている子がいる。自分は生まれてこなければよかったとか。自分が悪い子だったから親に殴られたとか。自分には、生きている価値がないとか。そんな子どもたちに、『生きていていいんだよ。あなたは、いるだけで素晴らしい存在なんだよ』、『親があなたをたたいたのは、あなたが悪かったからじゃないよ。親にあなたを育てる余裕がなかっただけだよ』と伝えていく。そうすることで、ようやく自分の過去を受け入れられるようになっていくのです。そんなことを子どもたちに伝えていきたいです」

「う〜ん、そうですか……」

立場の違いは歴然としていた。子どもたちをあるがままに受け入れ、内面に働きかけようとする施設職員と、社会で求められる「常識的なこと」を教えたいと思う私たち。子どもたちの現実を詳しく知らない私たちは、理想を語りがちなのかもしれない。とはいえ、子どもたちを迎える社会は、子どもたちを特別扱いしてはくれない。自ら成長しなくては、社会に出てから苦労するのは、子どもたち自身だ。私は言った。

「それぞれ異なるアプローチで、ハンドブックを作りましょうか……」

ハンドブック製作における施設職員とのコラボレーションは不調に終わった。ここでも私は、自分たちと福祉の世界とのギャップを痛感したのだった（三年後、お互いにまったく内容の異なる子ども向けハンドブックを書き上げた。リービングケア委員会『生い立ちの整理』、ブリッジフォースマイル『巣立ちのための60のヒント』）。

マニュアル作りで現場を知る

巣立ちプロジェクトと平行して、至誠学園の施設職員向けマニュアルを作るためのヒアリングを進めていた。私は二週間に一度、至誠学園を訪問して、どんな仕事があるのかを洗い出した。

項目は、とにかく膨大だった。

マニュアル名	内容
ホーム運営、児童処遇	▼ホームの形態ごとに職員の日常業務をまとめた、実務マニュアル ▼児童の生活全般に関して、保護者の代理として指導すべき方針を明記 ▼児童の置かれている状況（シーン）によって、異なる対応が求められるときに利用される実務マニュアル
危機管理	▼緊急時、問題発生時に利用される対応マニュアル

食育と健康	▼衣食住の観点からの感染症対策や衛生管理。「食べること」についての総合的なマニュアル
イベント運営	▼年間行事やイベントを実施する際のノウハウ
外部人員受け入れ	▼実習生、ボランティア等を受け入れるに当たっての事務手続きから、現場での実際の指導、育成
職員事務手続き	▼勤怠、労務管理から備品の購入管理、小口精算など
文書作成、管理	▼業務に関わるすべての文書をまとめ、目的、記載方法、提出の流れ、保管方法等を明記
マナー	▼挨拶、お茶だし、お礼状の書き方まで、学園に伝わるマナーのあり方

大変だったが、この仕事は児童養護施設について理解を深める上でとても有意義だった。子どもを育てる上で、注意しなければいけない「日常生活」や「事故」などは、育児中の私にとっても興味津々だった。また、子どもが巻き込まれる可能性、起こす可能性のある「事件」、子どもが施設を抜け出してしまう「所在不明」などについては、細かくヒア

リングするたび、驚きの連続だった。それをまとめる作業をすることで、施設の中で何が起こっているのか、どうして施設職員がこんなに忙しいのか、わかってきた。

たとえば、「自傷行為」。リストカットなど、自らを傷つける行為をしてしまう子どもたちがいる。虐待など、施設にやってくる理由が背景にあるようだ。日頃から、寂しさやむなしさを強く感じ、整理できない自分の内面や表現できない心の痛みを抱え苦しんでいる。「死にたい」と思う子どももいれば、血を見ることで生きている実感を得る子、周りにかまってほしいと考える子もいるそうだ。

職員は、止血や救急車の依頼など、自傷行為をしてしまった子に対応しながら、他の子どもたちへの影響も考えて振る舞わなければならないし、施設内での情報共有、相談はもちろん、親や児童相談所、管轄行政など、関係機関への相談、報告もする必要がある。

一方で、施設職員が小学校のＰＴＡの役員をやっていたりもする。「親代わり」なのだから当然と言えば当然かもしれないが、事情はもう少し複雑だ。施設職員は、学校との関係構築、他の生徒の保護者たちとの関係構築にも、労力を割かなければならない。学校で子どもの間でけんかがあったとき、相手が「児童養護施設の子ども」だと知ったら、保護者はどう思うだろう。児童養護施設に理解のある方なら、過剰に反応することはないかもしれない。しかし、理解されていない場合、「育児放棄したダメな親の子ども」とか、「施設の子どもたちは乱暴だ」とレッテルを貼られかねない。学校や地域の温かいまなざしに囲まれていられるか、尖った厳しい視線を向けられるか、では子どもたちに対する影響も大きく違う。そのため日頃から、学校との関係、他の保護者など地域との関係を築いておかなければならないのだ。

このように大きな負担から、心身ともにヘトヘトになり仕事を辞めてしまう、いわゆるバーンアウト（燃え尽き症候群）に陥る職員が多いという。ヒアリングを通して私は、施設職員の仕事の現場を、その大変さを目の当たりにした。

なんとか職員を助けなくちゃ。

「ビジネスチャンス」が、「大ピンチ」に

そんなとき、事件が起こった。

「ブリッジフォースマイルの理事を辞めさせてもらいたい」至誠学園の高橋学園長からの電話。

「えっ！　どうしてですか？」突然の申し出に動揺する。何が起こったのかわからない。

「林さん、ブログに『児童養護施設にビジネスチャンスがある』って書いているそうですね」

「えーっと、はい。そう書いていたかもしれません」心臓がバクバクして、いやな汗が噴き出る。

「私はね、林さんの『ビジネス』に協力するつもりはないのですよ。子どもたちのために、ブリッジフォースマイルに民間企業の力を施設につなげてくれる役割を期待して、あなたたちを育てるつもりで協力してきたのです。それを『ビジネスチャンス』と言われて、本当にがっかりしました。裏切られた気持ちです」

「申し訳ございません！　ただ、自分がお金を儲けたいという気持ちで取り組んでいるわけではありません。すぐにブログの記事は削除いたします」

「そうしていただけるとありがたいです。ただ、理事は、辞任させていただきますね。私もこのような結果になってしまって残念です」

「……本当にすみませんでした」

当時、「ひよっこＮＰＯ代表の活動奮闘記」というタイトルで、ブログを書いていた。児童養護の分野において、ド素人である私は、活動を通して感じたこと、驚きや発見を率直にこのブログで発信していたのだ。

この事件の後すぐ、私はブログを閉鎖した。自分の不用意な言葉遣いが招いた事態に悔やんでも悔やみきれない。収入源にしたいと期待したコンサルティング事業の見通しは、立たなくなった。

よく考えれば、片手に支援（巣立ちプロジェクトなど）、片手にビジネス（コンサルティング事業）で、施設を回れば、怪しい、と思われても仕方がない。まずは、施設と関係を構築しなければ何も始まらない。「収益事業」の道は、施設から信頼を得られるようになるまで、封印しよう。

オレンジリボン事務局

活動が三年目に入ったとき、リービングケア委員会で知り合って以来、いろんなアドバイスをくださっていた児童養護施設筑波愛児園の施設長（現在、二葉むさしが丘学園の施設長）、黒田邦夫さんから、「オレンジリボン」について話を聞いた。

「林さん、『オレンジリボン』って知ってる？」

「すみません、初めて聞きました。何ですか？」

日本や世界には、いろんな色のリボン運動がある。有名なのは、乳がん予防のピンクリボン。レッドリボンは、エイズ撲滅。ブルーリボンは北朝鮮拉致問題。

オレンジリボンとは、児童虐待防止のための啓発活動だ。二〇〇四年、栃木県小山市で三歳と四歳になる二人の兄弟が父親の友人から再三にわたって暴行を受けた上、橋から川に投げ込まれて幼い命を奪われるという痛ましい事件があった。幼い兄弟を救えなかったことを悔やむ人々が、オレンジのリボンを胸につけ、児童虐待防止を訴えた。小山市で始まったオレンジリボン運動は徐々に大きくなり、その頃、「ＮＰＯ法人児童虐待防止全国ネットワーク（通称　全国ネット）」という団体が担っていた。全国ネットは、児童虐待防止法の改正を訴えるために作られ、改正を実現した、児童福祉の有識者、有力者たちのネットワークで、名を連ねているのは業界では著名な人ばかりだった。

児童虐待の増加に歯止めをかけたい厚生労働省と内閣府が、このオレンジリボンを児童虐待防止運動の象徴とし、「オレンジリボンキャンペーン」と銘打って全国的な啓発を目指すことになった。地方自治体にも予算が配分され、児童養護施設や里親家庭はもちろんのこと、民生委員や保育関係者、学校関係者、医療関係者などの関係団体も巻き込み、官民一体となって、普及を促進しようとしていた。

しかし、当時の全国ネットは、組織体制としては、常勤職員もおらず、事務所もない。多くの児童福祉関係者や行政と連携しながら、民間企業も巻き込んだ全国規模の運動にすることを目指す「オレンジリボンキャンペーン」の事務局を担う体制は整っていなかった。全国ネットの理事をしていた黒田先生は、そのことで悩んでいた。

「キャンペーンを回せる事務局スタッフを探しているんだよね。誰か、いい人、知らない？」

「どんな人材をイメージしていますか？　何ができればいいのでしょうか」

「民間で働いた経験がないと難しいと思うんだ。でも、児童養護のことがよくわかっていないと困る。プロジェクト運営や、組織運営に関するノウハウも必要だね」

「そんな人材、なかなかいませんよ。いたとしても、ふつう働いてます。すぐに動ける人なんて見つかりますかねえ……」

「だから困っているんですよ。林さんは人材派遣会社にいたから、何かヒントをもらえるんじゃないかと思って。オフィスはね、最近借りたんです。給料も、支払えると思うんですよ」

行政が行うキャンペーンには、予算がつく。ある助成団体からの協賛も内定していた。バッジを通じて運動への寄付を募る仕組みがあるから、まったくの手弁当というわけでもない。洋服などに付けられるオレンジリボンの形をしたバッジなら、協力してくれる人も多いだろう。資金の見通しが立つなら、事務スタッフを雇える。バッジの配送なども、業務委託ができるなら、たいした負荷にはならないのではないか。……あれ、この仕事、私ができるんじゃないかな。そう思うと同時に、口から出た。

「その仕事、私にやらせてもらえないでしょうか」

この活動に関わることは、今後の活動においてもプラスになると思った。全国の児童養護施設や関係団体、行政、協賛企業などに、ネットワークを広げることができるだろう。何より、「児童虐待」という社会問題の大きな根を防止しようとする活動に、関心があった。当時のブリッジフォースマイルは、収入源としては二〇〇万円の助成金一件のみ。安定した収入など望めず、まだまだ先の見通しが立っていなかった。武者修行の意味でも、チャレンジしてみたい。

「あなたは何もわかっていない」

ほどなく私は、オレンジリボンキャンペーンの責任者、遠藤浩さんとお会いした。遠藤さんは、五〇歳前後だろうか、紳士的な口ひげと優しい眼をした人だった。横浜市の自立援助ホーム「えんどうホーム」でホーム長をしている。たいへんなグルメでもあり、ホームにいる子どもたちとの食事の時間をとても大切にしている。えんどうホームでの夕飯は会話を楽しみながら一時間半かけて食べるという。

その後、全国ネットの理事長ともお会いし、晴れて事務局としての業務を委託されることになった。全国ネットのオレンジリボン企画委員会の参加者にも会った。遠藤さんのほか、児童虐待に詳しいルポライターや、子ども関係の財団職員、ウェブや制作物デザインを行う会社の社長もいた。

私は、まず常駐できる事務スタッフが必要だと思った。お金があるなら、手っ取り早いのは派遣だ。パソナの営業部に人選を依頼した。すぐに、オフィスの近くに住み、子どもを育てながら週三日の仕事を希望する方が見つかった。

事務局の主な仕事は、「オレンジリボン」を多くの人に認知してもらうよう、キャンペーンを盛り上げ、普及を促すこと。一一月の虐待防止月間に向けて、具体的には以下のような仕事が想定されていた。

- オレンジリボンの製作（ピンバッジと、布製リボン）
- オレンジリボンの販売（ピンバッジ一個五〇〇円、布製のリボン一つ二〇円で販売）

●オレンジリボンの在庫管理
●オレンジリボンの公式ホームページの制作、運営
●企業協賛の獲得
●オフィシャルサポーター、個人サポーターの獲得

もちろん、細かな仕事は他にも多い。パソコンやプリンター複合機の購入、関係者のコミュニケーションをとるためのメーリングリストの設定、会議の案内や進行。リボンバッジを製作してくれるメーカーを探したり、発送業務やチラシの印刷について都内の作業所（障がい者の就労支援施設）と業務委託の相談をしたり。常駐スタッフの女性とともに、どんどん仕事を進めていった。

ところが、この仕事の大変さは予想外のところにあった。「オレンジリボン」は、これまで虐待の問題に真剣に取り組んできた人たちにとって、大きな希望だった。彼らと私の間には、知識や「思い」の大きな格差があったのだ。

ある企画委員会の会議で、私は企業協賛の獲得方針について意見を述べた。

「オレンジリボンの認知を高めるために、商品のパッケージに印刷してもらいたいですね。

一般消費者に届く商品を出している企業にアプローチしてはいかがでしょう?」

するとと委員の一人が言った。

「どこでもいいというわけじゃないね。オレンジリボンを企業の宣伝に使われては困るんだ。オレンジリボンの意図を、一般の人に誤解を与えないように、理念を正しく伝える必要がある。オレンジリボンについて、詳細の説明を付けてほしいね」

「そうですか……。しかし、児童虐待の現状などを詳しく説明して、暗い印象のものになると、企業はマイナスイメージを恐れてしまいます。商品パッケージ等に採用してもらうのは難しくなりますよ」

「こちらの意向を正確に汲んでくれない企業なら、こちらからお断りするべきだ」委員は強い口調で言った。「オレンジリボンを安売りする必要はない」

「しかし、まずオレンジリボンマークを多くの人に知ってもらうのが先ではないかと思うのですが……」

「あなたは、何もわかっていない!」

いきなりの全否定。

私は何度も、受け入れられていないさみしさを感じた。「もっと児童養護施設の現場を見ていらっしゃい。二年くらい、施設職員をやったらいい。せめて一週間でも泊まり込んで、子どものことを学んでくるべきだ」と言われたりもした。

理念を正しく伝えるため、オレンジリボンバッジの台紙に、理念を表す「憲章」を書くことになった。啓発の目的は何にしようか、一般の人にどんなメッセージを伝えるか、とブレーンストーミングをすることから始めた。ところが、これもなかなか難しい。

「虐待が疑われるときは、警察に通報してください」

「育児ストレスを抱えた親に手を差し伸べてあげてください」

どちらのスタンスで発信するかで、印象がまったく変わってしまう。虐待の通報は、育児に悩む親を余計に追い詰め、家庭の中に閉じこめてしまい、虐待の事実をさらに見えにくくする恐れもある。

また、「里親になってください」というメッセージも考えられたが、これについても賛否両論だった。一般的に、施設よりも里親家庭の方が、子ども一人ひとりに合った、よりきめ細かい支援ができるため望ましいとされている。ところが、日本には里親家庭がとても少ない。施設の一〇分の一程度だ。里親をサポートする仕組みが足りないのだ。施設職員の中には、里親家庭で見放された子どもが深く傷ついて施設に帰ってきたのを見た人もいる。

そんな議論を通して、児童福祉関係者がこれまでなかなか歩調を合わせてこられなかった実情がよくわかった。みなそれぞれが強い思いを持って支援をしている。しかし、支援方法に一つの「正解」はない。だから、このオレンジリボンキャンペーンは特別なのだ。「虐待防止」という、誰もが共有できる大義名分がある。関係者たちの期待がオレンジリボンに重くのしかかっていた。

そんな喧々諤々の議論に、厚生労働省の担当者たちも参加していた。そのうちの一人が提示してくれた六つのポイントがわかりやすいと、ようやく話がまとまった。

- まずは自分の子育てを振り返ってみてください。
- 子育てに悩んでいる人は、ひとりで抱え込まずに相談してください。
- 虐待で苦しんでいる子どもは、がまんしないで相談してください。
- 虐待と思われる事実を知ったときは通報してください。
- 虐待を受けた子どもたちの自立を支援する輪に協力してください。
- 虐待を受けた子どもたちの親代わり（里親）になってください。

これらは、「こども虐待防止憲章」として、ピンバッジの台紙だけでなく、チラシやホームページにも掲載されることになった。

遠藤さんの厳しい教え

キャンペーンの具体案を少しずつ形にまとめつつ、遠藤さんと私は、関係各所に説明するためにあちこち回った。私たちは、いいコンビだったと思う。私が窓口としてアポイントをとり、資料の準備をする。遠藤さんは、児童養護施設や子どもたちのことなど現場の話を力強く語る。相手が活動の意義に共感したところで、私が具体的な協力内容の説明、今後の流れなどを説明する。遠藤さんの話は、隣で聞いている私にとっても、たいへん勉強になった。

もう一つ、遠藤さんとの外出が楽しみだったのは、食事だった。グルメの遠藤さんは、「ぼくは、おいしいものが大好きなんだ。この近くに、おいしいお寿司屋さんがある」と言っては、よくおいしいお寿司やうなぎ、そばをごちそうしてくれた。

ところが、楽しく話をしていたはずが、途中から私は泣いてしまうのだ。

「林さんは、どうしてこの仕事をするようになったの？」と遠藤さんが聞く。

「仕事と子育ての両立に悩んでいたときに、自分のキャリアにもっと箔をつけたいと思って

ＭＢＡ留学を目指したんですよ。そのときに、英語の勉強を目的に参加したセミナーでたまたま児童養護施設のことを知って」

「『箔』をつけるため？　『箔』なんて爪でけずったらはがれちゃうような薄っぺらなものでしょ」

「まぁ、そうですけどね。でも、そのときの私は、必死だったんです。なんとか自分を認めてもらいたい、自分の存在意義みたいなものがほしかったんですよね。たぶん」

「自己顕示欲から、子どもたちに接してほしくないな」

「別に、自己顕示欲からこの活動をやっているわけではないですよ」私はむっとして答える。「それに、活動のきっかけって、そんなに大切ですか？　よく言われるんです。『どうして林さんがこの活動をしているのか、わからない』って。何か下心があると思われるみたいです。でも、施設出身者がやるならいいけど、たまたま問題を知った人は活動したらダメ、なんてわけないですよね。要は、何をやるか、が大切だと思います」委員会の人たちに対して感じていた不満だった。

「でも、動機は重要だね。今の話を聞いて、納得したよ。あなたの活動は、企業家的だね。支援の本質をとらえずに、広げることばかり考えている」

「本質をとらえてないってどういうことですか？　私の活動は、施設でできていないことをサポートしているんです。ニーズがあることは、ヒアリングの結果でわかっています。遠藤さんに文句つけられる筋合いはないと思いますけど！」本格的に腹が立ってきた。

「ブリッジフォースマイルのやっているソーシャルスキルトレーニングなんて、ホームに来る子どもたちには必要ない」遠藤さんはますます厳しい。「子どもたちに必要なのは、スキルじゃない。もっとも大切なのは、自尊心。これがなければ、何も始まらない。自尊心というのは、『自分はいていい存在だ、自分は自分であっていい』ということを子ども自身が思えること。そのためには、自分の存在をあるがままに受け入れてもらえること。自尊心が持てれば、生きていける。それがわかってない人が増えて困っている」

「……いろんな考え方があっていいじゃないですか。いろんな立場の人が、いろんなポリシーをもって、支援する。いろんな支援の選択肢から子どもが自由に選ぶことができれば、それでいいじゃないですか」

「林さん、あなたには、この仕事は向いてないよ。児童福祉の世界から出て行った方がいい。あなたなら、ビジネスをやったほうがきっと成功するよ」

別に泣くほどのことではなかったのだろう。遠藤さんが何か大切なことを私に伝えようとしていることは、よくわかっていた。でも、私は自分の活動が認められないことがとても悔しかった。ムキになって反論するうちに、いつも泣き出してしまった。

あるとき、名古屋で児童福祉関係者の集まりがあり、そこでオレンジリボンの説明をするために、遠藤さんと二人で出張した。その帰りの新幹線の中で、また「自尊心とソーシャルスキル」の話になった。

「林さん、もっと洞察力を磨きなさい。目の前にいる一人の子どもが、どうしてそう思うのか。なぜそのような言動を取るのか。もっと子どもの心に寄り添うこと。子どもたちへの『支援』は、『指導』ではないんだ。前に進もうとするところを、横からそっとエンパワーメントすることが大切なんだ」

私は、またしても泣いてしまった。後から遠藤さんに聞いた話だが、遠藤さんは、周りの視線がとても痛かったらしい。夕方、名古屋から東京に向かう新幹線の中で、歳の離れたカップルがいて、若い女がさめざめと泣いている。きっと不倫した悪い男が別れ話でも切り出したのだろう、などと思われたのではないかと……。今では笑い話だ。

悔しい思いを何度も味わったが、やがて私にとって遠藤さんは、大切なことを教えてくれた、児童養護の父のような存在になっていった。判断に迷うとき、遠藤さんだったらどう言うだろう、と考える。そんな一つの基準になってくれたのだ。

私は私のやり方で

それでも私は、遠藤さんとは異なるアプローチにこだわった。遠藤さんの言うように、一人ひとりの内面にまで深く深く関わる支援は、必要なのだろう。でも、それは私の役割ではない。施設職員は、子どもたちの内面を支えるプロフェッショナルだ。私は、その施設職員では足りないところをサポートする。立場や経験が違うからこそ、子どもたちに伝えられることがある。施設職員の役に立てることがある。

オレンジリボン事務局を辞めよう、と思った。

児童福祉の人たちと私は、子どもへのアプローチの仕方が、全然違う。きっと彼らにとっては、私は「黒船」みたいなものだったのだろう。外部から来た人間が、これまでの文化を無視して、強引に子どもたちに支援を押し付けようとする。何を考えているのか、よくわからない。文化が違うからか、同じ日本語を話していても、いま一つ通じない。

どちらが正しい、というわけではないのだろう。

ただ、「オレンジリボン」では、私のスタンスで活動するべきではないのだ。「他人のふんどしで、相撲を取るな」。これまで「オレンジリボン」を作ってきた人たちの思いが詰まった組織で、後から来た私がチャンスに乗っかって自分の思い通りにしようとすることが間違っている。

私には、自分で立ち上げたＮＰＯがある。私の限りある時間を、私が理想と思う支援を実現するために、大切に使いたい。

事務局として着任して二カ月後。ＪＲ横浜駅にあるシェラトンホテル内のカフェで、意を決して、私は遠藤さんに辞任の意向を伝えた。一二月に予定されていたイベントを終えたら辞めることで合意した。

文字通りの悪戦苦闘だったが、オレンジリボンキャンペーンでの経験は、児童養護についての大きな学びになった。同時に、ブリッジフォースマイルの活動の軸足を定めるきっかけにもなった。

第6章 次々に生まれるプロジェクト

早く全国で活動したい

「来年は、神奈川ブランチを立ち上げて、巣立ちプロジェクトを二カ所で開催したいんだ」

活動が二年目に入ったある日、ミーティングでの私の発言に、サポーター（ボランティアスタッフ）たちは目を丸くした。

「うっそ、冗談でしょ!?　今年たった七人しか参加者がいないのに！」

「でもさ、できないことはないと思うんだよね」と私。

「いやいや、普通に考えてくださいよ。せめてもう一年は、もう一度、しっかりプログラムを作り直して、募集計画もしっかり立てて、実績を作るべきでしょう」

「でも、いま私たちががんばれば、もっと多くの子どもたちを救うことができるかもしれないんだよ。来年巣立つ子どもたちにとっては、一年後じゃ遅いわけだし……」

私は、早く活動を広げなければ、と考えていた。本気で「全国展開」を目指していた。いま、私ががんばれば、さらに何人かの子どもたちに支援を届けられる。一人でも多く届けられる。いま、この瞬間にも、不安でいっぱいな子どもたちがいる。毎年三月には、約一五〇〇人が十分な支援を受けられないまま、施設を巣立ってしまう。


時間は待ってはくれない。そんな私の気持ちを強くさせる一本の電話があった。

「こちらは施設退所者の支援をしているNPOと聞きました」と電話の女性は言った。

「私は神戸に住んでいるのですが、何か支援をしてもらえないかと思って連絡しました」

大人びた声。施設を巣立つ前の子どもではなく、すでに退所した人だった。

「あ、いえ、退所した方への支援は、まだやっていないんです。すみません。やりたいとは思っているのですが、まだそこまでは至っていなくて」

「そうなんですか……。私は両親が自殺をして、施設で育ちました。いま三〇歳になるんですが、精神を病んでしまって、仕事を辞めることになりました。もう、自分も死んでしまいたいと思うんですけどね……。私が自殺したら、結婚して幸せな生活をしている妹がまた苦しむと思うと、死ねないいんです」

何と返したのか、よく覚えていない。最後はなぜか私が励まされ、活動をがんばってくださいね、と言われて電話を切った。ただただ、とても悲しかった。自殺したいと思うほど、孤独で苦しい思いをしながら、それでも、家族のことを思いやって生きている人がいる。自分が何の役にも立てない無力感をいだいた。早く頼りになる支援を組み立てて、早く活動を展開しなくては。せめて、いま私ができることは、全力で実現させなければならない。

そんな思いから、設立二年目から四年目にかけて、ブリッジフォースマイルではさまざまな取り組みを次々に立ち上げていった。

●「巣立ちプロジェクト」神奈川ブランチ開催（2年目）
●退所後支援「アトモプロジェクト」開始（3年目）
●職業体験「ジョブプラクティス」開始（3年目）
●「巣立ちプロジェクト」埼玉、千葉ブランチで開催（3年目）
●「巣立ちプロジェクト」個別サポート「コッコサポート」開始（3年目）

●退所後支援の個別サポート「自立ナビゲーション」開始（4年目）
●ボランティア向け有料コミュニケーション研修開始（4年目）
●全国児童養護施設調査、施設退所者の生活実態調査実施（4年目）
●広報紙「Smile!」発行開始（4年目）

プログラムを練り上げろ

複数拠点で、同時並行でプロジェクトを進めていくためには、運営体制を整える必要がある。収益は見込めないプログラムだったので、「ボランティア」に頼らざるをえない。ただ、自己満足に終わらせず成果を出すため、「一定の質」を保って運営できる体制を取るべきだと考えた。ヒントはあった。

パソナを退職した直後、私はときどきウィルシードという教育研修会社で、社員向けの研修プログラムをサポートする仕事をした。その運営方法に多くのヒントがあった。フリーランスの講師や講師アシスタントのデータベースを持ち、研修の依頼が入ると都度、登録者の中から人を選んで派遣する仕組みになっていた。研修プログラムもよくできていた。使用するグッズもプレゼンテーションも、完全に作りこまれている。講師やアシスタントに対するトレーニングも徹底されていて、運営方法も完全にマニュアル化されている。四月の新入社員研修時に、どれだけ依頼が重なっても、一定の質が保たれ、対応できる仕組みができあがっていた。

巣立ちプロジェクトも、同じようにパッケージ化できるはずだと思った。プレゼンテーションやタイムスケジュールを作りこみ、運営者の役割や、講義のポイントをマニュアルにまとめられればいい。マニュアル化により複数回・複数拠点の開催が容易になれば、スケジュールが合わない高校生が補講を受けることが可能になるというメリットもある。

二年目の巣立ちプロジェクトでは、申請していた福祉医療機構の助成金プログラムが受理され、二〇〇万円の助成を得られることが決定した。一年目は運営資金四〇万円ほどだったから、とてもありがたい。その資金のおかげで、プログラムの内容検討や研修パッケージ作りをするための検討委員会を立ち上げ、研修講師、ライフプランナー、施設職員など、五人の協力者に委託、つまりお金を払って仕事を進めることができた。

検討委員会で、「望まない妊娠や性感染症を防ぐための性教育」「目の前にある食材からメニューを考えさせる調理実習」「悪質な誘いから身を守る自己防衛」など、以後の巣立ちプロジェクトのセミナーテーマを固めていった。また、二時間のセミナーのために片道二時間ほどかけてやって来る遠方の高校生もいたため、何度も開催するよりは一日を丸々使うほうがよいと考えた。セミナーは、一〇時から一六時半まで通しで開催することにした。長い一日を飽きさせないようプログラムを工夫し、時間配分を決めた。

コンテンツを固めていく一方で、サポーター中心で回る運営体制も整えた。セミナーの進行スケジュールだけでなく、伝えてほしいポイントやお願いしたい役割を説明するサポーター向け資料「虎の巻」をまとめた。また、プログラムを実施するサポーター、ランチの手配をするサポーター、お茶とお菓子を買ってくるサポーター、記録や写真を撮るサポーターなど、担当する役割を明確にした。彼ら運営を担ってくれるサポーターを「ボード」と呼ぶことにした。

サポーターのアイディアを生かす

ボランティア活動も、セミナーの運営もしたことがなかった私は、サポーターの意見をどんどん取り入れていった。

神奈川ブランチのリーダーは、学生時代から子ども向けのボランティア活動の経験が豊富だった。彼は、セミナーで高校生を迎える日の前に、神奈川ブランチのサポーターを集め、当日どんな内容で開催するのか、期待したい役割は何か、打ち合わせを行った。サポーターが安心して取り組める環境を作るため、高校生に質の高いプログラムを提供するためだ。これは、のちに「虎の巻ミーティング」と呼ばれ、参加するサポーター全員に実施することになった。

あるサポーターからの提案で、「サンキューカード」も導入された。研修の最後、名刺サイズの小さなカードに参加者がその日にとった良い行動を書き、「ありがとう!（Thank you)」や、「よかったよ!（Good Job)」とメッセージを添えて本人に渡す。「どうせ自分なんて……」と自己肯定感が低くなりがちな子どもに対して、文字と言葉で、ポジティブな声掛けをしていこう、というねらいだ。サポーターから参加者に渡すだけでなく、参加者同士でも渡し合ってもらうことにした。

「今日のワークでは、積極的に質問していたね。とてもよかったよ! Good Job!」

「朝、集合時間の三〇分も前に到着していたのはビックリしたよ。家が遠いのに、早起きして参加してくれて、ありがとうね。Thank you!」

最初は恥ずかしそうにしていた高校生たちだったが、もらえるとやはり、うれしそうだ。はじめのうちは一枚もカードを書けなかった子が、セミナーを重ねるうちに、その日参加した全員に書こうとしていたりする。集まったサンキューカードは、ファイルに保管できるようにした。一枚ずつカードが増えていくのを、うれしそうに眺める子もいた。

また、セミナー終了後の「反省会」は、「振り返り」に変わった。高校生たちが帰ってから、サポーターだけで集まって話をするのだが、「反省」だと悪かった点ばかりが挙がり、気持ちが落ち込んでしまう。「振り返り」では、「個人としてよかったことと、課題」「全体としてよかったことと、課題」を一人ずつ発表する。自分と同じチームではなかった高校生がどんな様子だったのか知ることができたり、他のサポーターの悩みに、こんな工夫をしてみたらどうだろう、と前向きな提案が出てきたりした。これにより、サポーター自身が学び、励まし合い、プログラムの質を向上させていく文化ができていった。


三年目は、東京、神奈川に加えて、千葉、埼玉でも開催することにした。

多地域展開で特に重要になるのが、各拠点のリーダーの人選だ。展開を早めるため、サポーターに裁量をどんどん与えていた私だったが、あるサポーターから「チームリーダーの任命権は、持っていた方がいいですよ」とアドバイスされた。

ボランティア活動は、給料をもらってやる仕事とは違う。責任もつながりもずっと緩やかだ。だから、ボランティアが離れてしまう大きな原因の一つは人間関係。一緒にいて楽しいと思える仲間がいない、この人とは一緒にいたくない、となると簡単に辞めてしまう。

だから、その中心になるリーダーは、周りから慕われ、信頼され、支えてもらえるような人でないといけない。もし、立候補制にしたり、多数決制にしたりしたら、適切な人がリーダーになるとは限らない。

なるほどと納得した私は、「お金を払えないからこそ、人事権だけは手放さない」ことを徹底した。私は、この人、と思うサポーターに個別に連絡をとった。平日、そのサポーターの働くオフィス近くのレストランでランチをごちそうしながら、リーダーになってもらうよう口説いていった。

また、三年目は参加対象者についても見直しを行った。それまでは、高校一年生から三年生を対象としていたが、高校に入学したばかりで気持ちがふわふわしている一年生と、施設退所日を控え不安でいっぱいの三年生とでは、セミナーに臨むモチベーションが全然違うのだ。そこで、三年目からは、参加対象者を高校三年生に絞ることにした。対象を狭めることは、当然、参加人数の減少につながる可能性がある。

だが心配は杞憂に終わった。三年目の巣立ちプロジェクトは、神奈川、千葉、埼玉の四ブランチ平行開催が実現。そして参加者数は合計三一名。前年の二七名を上回った。

もう一つ新しいことを始めた。巣立ちプロジェクトに個別支援のプログラム「コッコサポート」を導入したのだ。

きっかけは、軽度の知的障がいを持つ子の参加だった。セミナーの内容がどこまで理解できたか、わからない。でもセミナー全体をその子のペースに合わせてはいられない。プロジェクトを時間通りに進行しなければならないし、理解の早い子が時間を持て余してしまう。

また一方で、セミナー終了後もなかなか帰ろうとしない子がいる。他の施設からやってきている高校生やサポーターと、たくさん話をしたいのだ。彼らは、ただおしゃべりをしたいだけではない。もうすぐ施設を出ることに対して漠然とした不安を抱えている子もいるし、就職がなかなか決まらないと焦っている子もいる。「会場の片づけがあるから、早く帰って！」とは言いにくい。

そんな子どもたちに、セミナー終了後、サポーターが一対一でじっくり話を聞く時間をとってはどうだろうと考えた。これが、巣立ちプロジェクトのオプションメニュー、一人ひとりの事情に耳を傾ける「コッコサポート」だ。「コッコ」は、「個々」と「巣立ち＝鳥のイメージ」から考えた名前だ。

巣立ちセミナーが終わると、コッコサポート希望者には、事前に決められたサポーターがついて、それぞれペアで好きな喫茶店に向かう。お茶をのみながら、セミナーの振り返りや悩み事の相談ができる。一人暮らしを目前に控えた子どもたちにとって、自分の話をじっくり聞いてくれる大人の存在は、不安を少しずつ払拭する力になるはずだ。

　こうした工夫が功を奏し、巣立ちプロジェクトは高校三年生が施設を巣立つ前の準備セミナーとして定着していった。回を重ねるごとにサポーターたちは、この活動が何をしていこうとしているのか、一人ずつが実感を持って理解し始めた。

　二〇一一年、七年目となる巣立ちプロジェクトは、高校生六六人、サポーター七五人が参加。人数の膨らんだ東京ブランチを「東東京」「西東京」の二つに分けて五ブランチで開催されたのだった。

退所後を、人のつながりで支える

　二年目の巣立ちプロジェクトが終わる頃、高校生からこんな発言が出始めた。

「巣立ち、もう終わっちゃうなんてさみしい」

「これから、みんなで集まったりしないの？」

　しめた！　と思った。

「イベントとか、合宿とか、やりたいよね！」

高校生たちから言われるまでもなく、私は彼らを退所後に孤立させない仕組み、定期的に集まる場を作りたいと思っていた。

そこで生まれたのが「アトモプロジェクト」。退所した「あとも」交流を続けようよ、というプロジェクトだ。退所者を「社会に出たばかりの新人＝ルーキー」と呼ぶことにして、月に一回集まる機会を設けることにした。

たとえば、八月の企画では、「浴衣の着付けを学ぼう！」というテーマを設定。神田の公共施設で浴衣の着付けを学んだあと、みんなで浅草にでかけよう、という内容だ。着付けの先生は、サポーターの知り合いにお願いできたが、さて、肝心の浴衣はどうしよう……。持っていないルーキーは多いだろう。

古着を安く調達できないかなと考えて、オークションサイトを検索。すると、浴衣、帯、下駄の三点セットでなんと一〇〇〇円！　よし、これなら私でもプレゼントできる！「浴衣はプレゼントします」と添え書きして参加者を募集したところ、女の子三名、男の子二名の退所者が申し込んできた。なんとしても落札しなければ、と意気込んでオークションに参加。しかし、素敵だなと思う物は、あっという間に一万円に値上がりしてしまった。

そんなこんなで、なんとか浴衣セットを揃えて迎えた当日。サポーターたちも自分の浴衣を持ってきて、先生に着付けを教えてもらった。二回ほど練習した後は、さっそく電車に乗って浅草へ！　一緒に写真をとりたいという外国人観光客に、笑顔で応える退所者たち。浅草のお店で夕飯を食べて、名残惜しい解散となった。

こんな企画を立てるのは、とても楽しいのだけど、毎月やるのは大変だ。講師と内容を詰めて、退所者とサポーターに案内を送って……と業務も少なくない。ただ、最も大変だったのは、集客だった。なかなか人が集まらない。施設退所者は、接客などのサービス業に就くことが多く、週末に仕事をしていることが少なくないのだ。忙しい中、苦しい思いをして企画しても、ルーキーは二、三人しか集まらない、という回もあった。悩ましい状況が続いた。

それでも、集まる場所があること、つながり続けることの意義は、大きいと思う。仕事で遅くなり、片道一時間半もかかるのに、交流会が終わる頃の時間に駆けつけてくるルーキーがいる。「明日は月曜日。仕事があるし……」と思うサポーターたちも、「もう帰っちゃうのですか？」と言われると、そのまま帰るわけにはいかない。おなかをすかせた彼のために、もう一軒行くことになる。たとえ二時間ほどの短い時間でも、そのルーキーにとっては、かけがえのない時間なのだろう。

アトモプロジェクトのお知らせは、退所者の携帯メールに直接届けている。月に二回〜

四回の頻度で送られるメール「アトメル」には、集まりの案内の他、生活に役立つ情報がいっぱいだ。メールアドレスを変更するたび、ちゃんと知らせてくれる子もいる。

このようなつながりの大切さを改めて実感したのは、東日本大震災のときだ。多くの人が家族の安否を確認する中、私たちは退所者たちに「大丈夫だった？」とメールを送った。すぐに五〇人以上の退所者から、「地震、すごかったね。こっちは大丈夫だよ。そっちは大丈夫？」と私たちを気遣ってくれる返信が入った。家族を気遣い合う雰囲気が日本中に広がっていたあのとき、退所者たちは、自分の境遇を改めて考えたに違いない。

「自分たちのことを気にかけてくれる人たちがいる」

「何かあったときに、頼れる場所がある」

退所者たちがそう感じていてくれたなら、この活動には十分に意義があると思うのだ。

一対一で話せる大人が必要だ

ある日、ファミリーレストランに就職した退所者、真弓ちゃん（仮名）からの電話が入った。

「えりほさん、もうこんな仕事、辞めたいよ！」

泣きじゃくって、興奮した声だった。

「どうしたの？」

「今、店長とけんかをしてきちゃった。だって、本当にむかつく」

「えっ、今は仕事中なの？」

「うん、でも、休憩に入ったところ。今週からさ、アルバイトが入ってきたんだけどね、その子の面倒を私に見ろって言うんだよ……。無理に決まってるじゃん。私だって、まだ入ってから二カ月しかたってないのに、面倒見れるわけないじゃん！　わからないことだっていっぱいあるよ。それなのに、掃除の仕方とか、挨拶とか、ちゃんと教えてないって怒鳴られて。もう、本当にむかつく！」

児童養護施設の退所者には、仕事に就いてもすぐに辞めてしまう人が少なくない。なんとか止めなければ。

「まあまあ、落ち着いて。ゆっくり話聞きたいから、夜また電話しようよ」

少し時間を空ければ、真弓ちゃんも少しは気持ちが落ち着くだろうし、整理して話ができるようになるだろう。

夜一〇時ごろに電話をすると、少し元気そうな声。「辞める」という言葉は、出なくなっていた。

「入社して、二カ月しか経ってない真弓ちゃんに、アルバイトを任せるのは、普通あまり考えられないよね」

「そうなの、ありえないよ。アルバイトさんって言ってもね、私よりずっと年上のパートのおばさんなんだよね。彼ら、ちっとも動かないし」

「年上の指導だったのね。それは、すごい大役をまかされたね。真弓ちゃんは、店長に信頼されているってことだよ。叱るのも、期待されているからこそ、かもしれないね」


夜、個人的な相談を受けるようになった。職場で失敗をしてしまったと泣きながら電話をかけてくる子、もう辞めてしまいたい、と休憩時間に電話をかけてくる子。私は彼らの感情が収まるまで話を聞き、自分にも似たような経験があることを話した。失敗してばかりだった新人時代。多過ぎる仕事に焦ってばかりだった頃。

たいそうな話ではない。ただそれだけでも、話を聞いてもらえてスッキリしたり、社会人の先輩としての意見、経験を聞いて少し気持ちが落ち着いたりしたのか、「ありがとう、明日がんばってみるよ」と言ってくれるのが、とてもうれしかった。

退所者には、一人ひとりの話をじっくり聞ける大人の存在が必要ではないだろうか。

そこで四年目に始めたのが「自立ナビゲーション」。月に一回、食事をしたり、お茶を飲んだりしながら、退所者の様子を見守り、必要に応じてアドバイスや手助けをするという支援だ。

初年度は一三組で始めたが、年度末まで継続的に活動できていたのは、たった四組。同性であること、住居や仕事場が近いこと、仕事の休みが合うことなどを考慮しながら、事務局でペアを決定したのだが、やはり人間同士。「相性」を無視できない。

そこで、翌年からは、制度を変えた。ルーキーが、自立ナビゲーターを指名するのだ。自立ナビゲーター候補者にプロフィールを書いてもらい、ルーキーは第一希望から第五希望まで書いて提出する。いくら人気の自立ナビゲーターがいても、二人以上を担当してもらうのは負荷がかかりすぎるので、事務局で調整をして組み合わせを決定する。この仕組みに変えた当初は、サポーター側からの反応が心配だった。指名されなかったら出番がないのだから。しかし、実際に始めてみると、サポーターも「私でよかったのかな」という余計な心配をすることがなく、選ばれたことで自信を持てる。ルーキーも、自分に合いそうな人を選んでいるので、安心感と納得感がある。

制度を作っていく上で、特に慎重になったのは、活動におけるリスクだった。そもそも、素人が施設退所者を支援すること自体、非常に難しく、リスクが高いとのこと。ましてや、個別支援なんて！　と考える施設職員は少なくない。

いったいどんなリスクがあるのか。たとえば、施設退所者が仕事を辞めてしまい、住む場所がなくなってしまった。サポーターの家にやってきて一泊だけ泊まらせてくれと言う。気の毒に思ったサポーターは、じゃあ一泊だけ、と引き受ける。その後、ずるずると居ついてしまったり、金品を盗っていなくなったりすることもあり得る。悪意を持った人が、立場の弱い子どもたちを利用しようと、ボランティアの仮面をかぶって近づくかもしれない。ボランティアが良かれと思って厳しく指導をしたら、退所者が重く受け止めて自殺をしてしまったら、どうする？

確率論的には、こういうリスクが現実になるのは、ほんの数パーセントのことだろう。それでも、事件や事故があってからでは、遅い。施設職員にアドバイスをもらいながら、運用方法を決めたり、禁止事項を設けたりして、制度を作っていった。また、自立ナビゲーターを希望するボランティアには三日間の研修を義務付けて、目的や心構えやリスクに対する知識を共有することにした。

慎重すぎるほどに検討をすすめた結果、今では六〇組以上にまで広がった自立ナビゲーションにおいて、これまで大きな問題は起きていない。もちろん、失敗する退所者もいるし、自立ナビゲーターはいつも完璧なアドバイスができるわけではない。それでも、親身に自分の話を聞いて、一緒に悩み考えてくれる存在があることは、退所者にとって心強いに違いない。

出張セミナーで活動範囲を拡大

巣立ちプロジェクトの対象を高校三年生に限定したことで、施設からは、早くから自立の準備を始めたいと考える高校一、二年生が受講できないことを残念がる声があがった。また、以前から、集合型セミナーには参加できない引っ込み思案な子どもや、面倒くさがる子どもにこそ、巣立ちプロジェクトが必要だという指摘がされていた。施設に出向いてセミナーを実施できたらいいなと思っていた。

三年目の巣立ちプロジェクトは四拠点同時開催だったが、五名の参加者が集まらなければ、そのブランチでは開催せず、他のブランチに合流してもらうことにしていた。その年、千葉の施設からの申し込みは、三人だけだった。千葉ブランチでの開催は断念せざるを得ない。参加を申し込んでくれた子のいる施設に電話をした。

「申し訳ありませんが、実施にあたり最少参加者数を五名に設定していまして。東京ブランチへ通っていただきたいのですが……」

「そうですか……。なかなか外に出たがらないので、東京ブランチなら行かないというかもしれません」

「では、なんとかあと二人の参加者を集めることはできませんか？」

「それはちょっと難しいです。もし、高校一年生、二年生も参加してよければ、もっと参加児童を集めることができるのですが。……たとえば、うちの施設に来てセミナーを実施してもらうことは、できませんか？」

こうして、施設に出向く「出張セミナー」が、図らずも実施されることになった。担当の職員は、子どもたちが喜んで参加する仕掛けとして、毎回ケーキを用意してくださった。

そして、そこに参加する子どもたちは、これまでのセミナー参加者とは明らかに違った。

「施設を出てからなんて、なんとでもなるよ」と言うやんちゃな男の子や、「就職は、やっぱキャバ嬢でしょ」と言う女の子、職員に無理やり引っ張られてトレーナー上下で参加する女の子。見るからに将来が心配になる受講者たち。特に支援が必要であるに違いない子どもたちの姿に、私は出張セミナーをやる意義と手ごたえを感じた。

出張セミナーは、ブリッジフォースマイルの活動の中でも特に難易度が高い支援の一つだ。子どもたちにとってみれば、私たちは突然やってきた部外者だ。信用できる相手かどうか、様子を伺っている。突っ伏して寝てしまう子や、輪ゴム飛ばしを始める子、ぷいと席を立ち部屋に戻ってしまう子、携帯を離さない子、お絵かきを始める子などもいる。そんな彼らに対して、たった二時間ほどの間で、心を開いてもらい、大切な自立に関わる知識を伝えていかなければならない。本当に難しい。

ただ、回を重ねるうち、そんな子どもたちの対応に慣れたスタッフ、メンバーがずいぶん増えてきた。東京都など行政の受託事業にも出張セミナーが組み込まれているので、開催件数は二〇一一年度だけで二五件になった。巣立ちプロジェクトのテキストとして、『巣立ちのための60のヒント』を全国の児童養護施設に配布するようになってからは、静岡、福岡、名古屋、富山、愛媛など、遠方からもセミナーの依頼が入るようになった。地方のＮＰＯの方が、話を聞かせてほしい、運営ノウハウを教えてほしい、と来訪されることも増えた。

最初は「冗談でしょ」と言われたブリッジフォースマイルの全国展開。そこに至る道は、着実に開けつつある。

これまでの活動成果

活動開始から八年目。まだまだ発展途上ながら、着実に実績を積み上げてきた。

二〇一二年三月現在、一都三県でブリッジフォースマイルの支援を利用した施設は八二施設となり、支援対象となる一一三施設の七三％となった。一人暮らしハンドブック『巣立ちのための60のヒント』は、全国で四五％（二六八施設）の施設が利用している。配布冊数は八〇〇〇冊を超えた。

活動エリアは、一都三県、東京、神奈川、千葉、埼玉だが、出張セミナー開催地を含めると、北海道、富山、新潟、愛知、愛媛、静岡、福岡を加えた一一都道府県。

▼協力者とパートナー企業・団体数

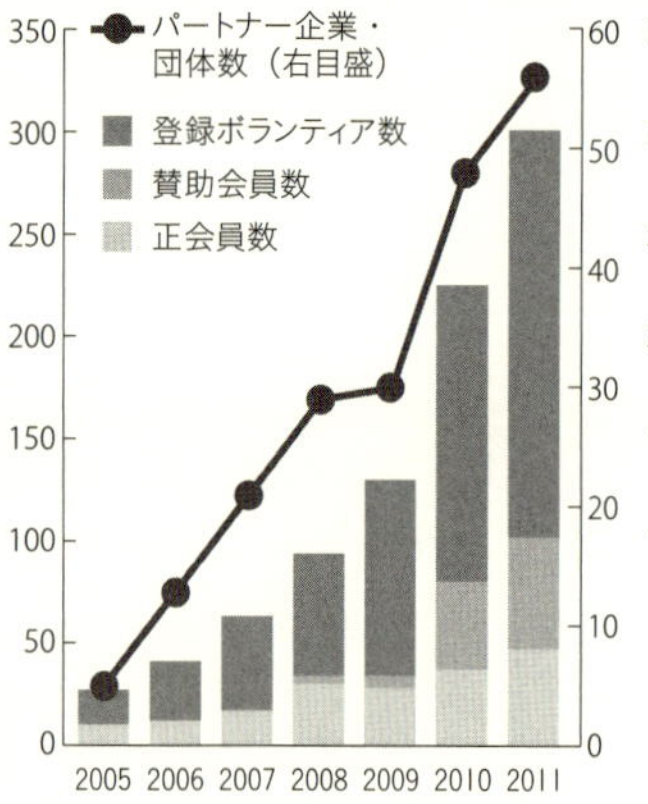

出典：ブリッジフォースマイル

▼利用者数と利用施設数

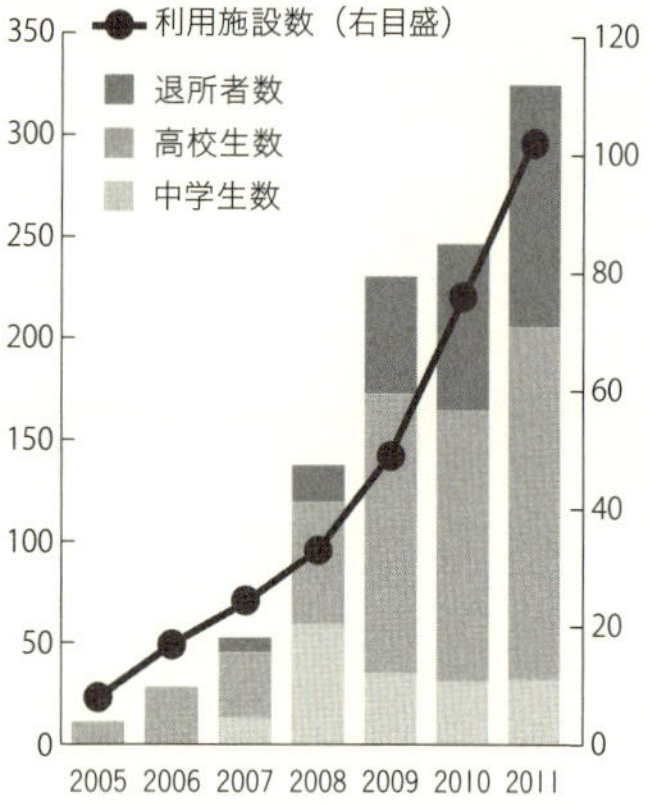

出典：ブリッジフォースマイル

第7章

泥沼の中で見えたもの

一〇〇坪の土地に夢を描く

ブリッジフォースマイルの設立から五年が経った頃、フルタイムで活動しているのは、私一人だけだったが、結婚もしくは子育てのために仕事を辞めていた女性三名が、それぞれ週二日〜四日程度、活動を手伝ってくれていた。また、フリーランスで仕事をしながら、業務委託という形で活動時間を確保してもらっているメンバーも三名ほどいた。一般の仕事としての相場よりもずっと安い金額での支払ではあったが、まったくの無償というわけでもなく、支払いをして「仕事」にすることで円滑に活動することができた。それも、ほぼ途絶えることなくいくつかの財団や企業から助成金をいただくことができたおかげだった。

事業を継続、展開していくと、少しずつ周りから提案や協力、提携の申し出が舞い込むようになる。そうして今まで、できなかったことができるようになっていく。ブリッジフォースマイルにも、大きなチャンスが訪れた。児童養護施設の長年の懸案事項である「進学問題」や「住宅問題」の解決につながりそうな話だった。

家庭との両立のため、自分の活動で精一杯だった私は、他団体の活動に参加したり、NPO関係者の会合に参加したりすることはほとんどなく、横のつながりを持っていなかった。二〇〇八年一二月、人の紹介で知り合ったNPO法人カタリバの今村久美さんに誘われて、初めて、社会起業家が集まる忘年会に参加させてもらった。

病児保育サービスを行うNPO法人フローレンスの駒崎弘樹さんや、カンボジアの児童買春撲滅に取り組むNPO法人かものはしプロジェクトの青木健太さんや村田早耶香さんなど、今をときめく若手の社会起業家が集まる会場で、私はとても緊張していた。そんな私のナナメ前に座っていたのが、コトバノアトリエ（現NPO法人NEWBERRY）の山本繁さんだった。

山本さんは、ニートの状態にある若者の自立をテーマに活動していた。漫画家志望の若者に、シェアハウスを提供し、漫画を描く仕事を提供しながら自立させていく活動「トキワ荘プロジェクト」を主宰。また、「日本中退予防研究所」なる活動も始めようとしており、大学等の中退者がニート、フリーターになっていく問題を解決しようと活動していた。

彼の話を聞いていると、退所者のことを思わずにいられなかった。

「児童養護施設の退所者なんて、進学率二〇％ですよ」と私は状況を伝えた。「しかも、そのうちの約半数が、中退してしまうんです。やっぱり、資金的に難しいし、友達が遊んでいるのに、自分は必死でアルバイトをしなければ、生活していけない。そんな状況で精神的にもたない子が多いんですよ」

「大きな社会問題ですね。自分に協力できることは、何でもしますよ」と山本さん。

「ありがとうございます！　住宅支援をなさっているそうですね。正直なところ、採算は取れるんですか」私は疑問に思っていたことを聞いた。

「シェアハウスになるような５ＬＤＫなどの大きな物件は、意外とあるんですよ。借り手を探すのが難しいから、家賃も安かったりする。ただ、マネージャーの人件費がなかなかペイできない。うちも、八軒目の運用を開始して、ようやく採算ラインを越えたところです」

山本さんの「トキワ荘プロジェクト」は、大きなヒントになった。安い家賃で、サポートも付くなら、自立の役に立つに違いない。そうは言っても、複数の人が一緒に住むことにはストレスも付き物だ。トラブルも想定される。

その後まもなく、山本さんから連絡があった。ある資産家が、文京区にある一〇〇坪の土地を社会貢献に活用したがっているという。山本さんは、児童養護施設の進学者のために、その土地を活用できないかと考え、提案してくれたのだ。

大きなチャンスかもしれない。紹介していただいた文京区の土地に、進学者のための住まいを作るため、さまざまな可能性を探ることになった。

進学問題と住宅問題

児童養護施設を巣立っていく子どもたちを取り巻く大きな問題として、「進学問題」と「住宅問題」の二つがある。

「進学問題」とは、一八歳で施設を退所した後、大学等へ進学することが難しく、また、進学しても中退してしまうことが多いという問題だ。その結果、全国平均と比べて大きな進学格差が生まれている。

大学等進学率　全国平均七七％　児童養護施設二三％
大学等中退率　全国平均一五％　児童養護施設四〇％

この背景には、経済的事情がある場合が少なくない。施設を退所した子どもたちは、アルバイトの稼ぎと奨学金で、学費、家賃、水光熱費、食費などの生活費をすべて賄わなければならない。そのため、大学や専門学校に進学することが難しいのだ。進学しても、卒業するのは半分程度。そんな深刻な教育格差がある。

就職に関する事情も関わってくる。高校新卒であれば、学校の手助けもあって就職先は見つかりやすい。しかし、大学や専門学校を中退してしまうと、就職はきわめて難しく、仕方なくフリーターになる例が多い。だから、進学には進路選択をサポートする職員たちも慎重にならざるを得ない。そんな現実の厳しさや施設の雰囲気から、子どもたちも「どうせ進学は無理」と最初からあきらめてしまうことが多いのだ。

進学によって得られる学歴、知識、人脈などは、その後の人生において大きな財産となる。就職先の選択肢も、格段に増える。子どもたちが「自分にも進学のチャンスがある」と思える環境があれば、彼らの可能性は、もっと広がるはずだ。

「住宅問題」とは、一八歳で施設を退所した後、頼れる「実家」を持たない子どもたちにとって、住宅を確保し維持することが難しいという問題だ。

というのも、概して収入の少ない施設退所者たちにとって、無理なく住める安価な物件を探すことは至難の業。月々の家賃はなんとか払えそうでも、敷金・礼金が払えず契約できないこともある。就職ではなく進学を選んだ退所者にとっては、特に厳しい。

そのうえ、日本の法律では、二〇歳未満は「未成年」。未成年との契約は、法的に効力を持たないため、必ず保護者のサインが必要だ。アパートの契約はもちろん、携帯電話の契約にも、クレジットカードの契約にも、すべて保証人が要る。だが、施設退所者は、基本的に親を「保護者」として頼れないから施設にいたのだ。一八歳になるとその施設から社会に出て、大人として自立を促されるにもかかわらず、法律では、自立した大人と認められず、退所後二〇歳の誕生日を迎えるまで、子どもは自分だけでは「契約」ができない。

施設長や職員が保証人になる場合も多いのだが、退所者の中にはアパートの家賃が払えなくなると、滞納を重ねた挙句、荷物を残していなくなってしまう人がいる。保証人となった施設長が、大家さんから連絡を受け、滞納金（時には原状復帰の費用）を支払い、荷物を引き取りに行くことも珍しいことではない。

そもそも、家賃は家計の大きな比重を占めている。生計が成り立たなくなってくると、家賃の滞納は簡単に起こり得る。

言い換えれば、収入の少ない子どもたちに、無理なく住める安価な物件を提供できれば、彼らは生計を立てやすくなる。たとえば、厳しい家計で生活する進学者たちに、通常より二万円安い物件を提供できれば、二万円の奨学金を給付するのと同じ価値があるのだ。

そこで私たちは、進学を希望する施設退所者に安価な住まいを提供するプロジェクトを、「スマイリングプロジェクト」と命名し、立ち上げることにした。

身のほど知らずを思い知る

住宅支援を始める上で、一つ目の大きな壁は、「資金」だった。それまでのセミナーを中心とした活動とはケタ違いのお金がかかりそうだということは、お金に疎い私にもわかる。

私は、ベイン・アンド・カンパニーというコンサルティング会社に相談することにした。同社が社会貢献事業として、ＮＰＯの運営についての無料コンサルティングを実施する、という話を聞いていたからだ。これまでとは比較にならない資金を要する住宅支援を行うためには、「ビジネスがわかる」人の力が必要だ。

担当者から何回かヒアリングを受けた後、コンサルティングの支援をしてもらえるかどうかの最終決定は、同社の日本代表もいる場でのプレゼンテーションにかかっていた。

二〇人ほどの社員の前で、パワーポイントを使ってプレゼンした。課題、現状認識などについての鋭い質問に必死で答えた。数日後、支援が確定した旨の通知がきた。

協議の結果、「事業の方向性」と「組織体制」についてコンサルティングを受けることになった。児童養護施設のニーズは何か、ブリッジフォースマイルの強みや弱みは何か、いま行っているプロジェクトはそれらに沿っているのか。行うべきプロジェクトを支える組織体制はどうあるべきか、資金はいくら必要なのか、といった問いが立てられた。丸二カ月間、二人のコンサルタントが、ボランティアや施設関係者へのヒアリング、データ検証などをしながら、支援してくれることになった。

コンサルティングと平行して、文京区の土地に進学者の寮を建てる費用がいくらかかるかを調べることになった。あるサポーターの勤務先の関連会社に、マンションを建てる会社があった。進学者のための寮として、設計をして、見積もりを出してもらった。シングルルーム九部屋の新築物件を建てる費用、なんと一億四〇〇〇万円。

この膨大な建設費と運営費を、どう賄えばいいのだろう。

公的な予算を活用できないだろうか。自立援助ホームにするとか、進学支援に特化した児童養護施設のグループホームを作る、といったアイディアもあった。複数の児童養護施設の施設長に相談に乗ってもらい、東京都にも相談に行った。しかし、残念なことに「一八歳を過ぎ、進学できるほどに自立した若者」の支援には、公的な予算はつかない、というのが結論だった。

一億四〇〇〇万円。寄付だけで集められるのか。仮に寄付を募って、もし五〇〇〇万円集まったとしても、建物は建てられない。その場合は、その集まった資金を返すのか。NPOはローンを組めるのか。自分が住んでいるマンションの購入時も、夫にすべてお任せだった私には、わからないことばかりだった。

そんな状況下でのコンサルティングは、客観的に自分たちの現状やビジョンを考える上で、本当に役に立った。

「現在の運営体制、財政状況では、新しい事業に大きな資金を集められる余裕は、ありませんね」コンサルタントは穏やかにそう言った。既存の事業を継続していくことすら困難な状況が、はっきりと示されていた。「企業や個人から寄付を集めていくためには、広報や営業が欠かせません。その役割を担うべきは、組織の代表です。そのため代表は、活動の現場を他のメンバーに任せていかなければいけません。『権限移譲』ですね。権限移譲をするためには、重要事項を決定する『会議体（理事会、執行部会など）』を決めて、その構成員を明確にしなければいけません」

言われてみれば、当たり前のことばかり。優先順位を明確にして、取り組まなければいけない。ブリッジフォースマイルの現状は、理想の組織からは程遠かった。

身の程知らずとは、まさにこのこと。こんな組織体制、財政事情で、よくもまあ、一億四〇〇〇万の新築物件を建てようと思ったものだ。まず既存の活動が立ち行かなくなるのを防ぐためのファンドレイジング（資金集め）から、しなければいけない。

そんなコンサルティングの結果に泣きそうになる私を励まし、どう進めていいかを一緒に考えてくれたのは、Nさんという、ある大手企業で部長職を務めていたボランティアメンバーだった。「マネジメント」なんてよくわからない私は、本業でもコンサルティングを受けた経験があり、トラブル対応の経験も豊富、ソフトな人当たりで、部下をまとめているNさんをとても頼りにしていた。Nさんは、組織改革プランを一緒に考え、資金集めにも協力してくれるという。とても心強かった。

文京区の土地に進学者のための寮を建てる話は、辞退することになった。

シェアハウスを作ろう

文京区の新築物件は断念したけれど、住宅支援をあきらめたわけではない。他の方法で進学者に住まいの提供ができないだろうか。

「ワンルーム」のアパート提供を考えた。東京には、空き物件が多数ある。その物件を「社会貢献的意義」から、安く貸してはもらえないものか。安くしてもらうことが難しければ、家賃五万円の物件を、三万円で退所者に提供し、寄付で二万円を補填するというのはどうだろう。不動産仲介会社に話をききに行ったり、「スマイリングサポーター」という継続寄付者を募ったり、あちこちに協力の依頼を始めた。

そんなとき、サポーターの一人、Hさんの知人から「空き家になっている実家を安く提供しても良い」とお申し出があった。

中野区の、駅から徒歩一〇分ほどの閑静な住宅地にある大きな一軒家だった。

シェアハウスにできないだろうか。物件確保はもとより、補填分の寄付をどうやって集めたらよいのかと頭を悩ませていたのだが、寄付での補填なしで、一気に五人ぐらいに住まいを提供できるかもしれない。私たちは突然のチャンスに、沸き立った。

シェアハウスの形での住宅支援には、別のメリットも考えられる。これまでできなかった生活面での支援が積極的に行えることだ。これまでの活動では、トラブルを予防するため退所者の自宅に行くことは禁止していて、病気のときですら、サポーターが家に上がらないようにしていた。ただ、退所者の一人暮らしの様子を見聞きする中、部屋がたいへん汚いことや、食生活の乱れを懸念する声が多々あった。シェアハウスなら、私たちのような支援者が家に入りやすいというメリットがある。そうすれば、たまに食事を作って一緒に食べたり、ごみの出し方や掃除の仕方をアドバイスしたりできる。また、病気なのか、元気がないのかなど、ハウスを訪問したときや他の入居者たちから、生活の様子を伺い知ることができる。

もちろん、集団生活による入居者間のトラブルは、あるだろう。しかし、自分の住む環境を自分たちで話し合いをしながら作っていく、というのは、今後、退所者が他人と住んだり、自分の家庭を持ったりする上でも役に立つ経験になるだろう。

シェアハウスは、単なる「住まいの提供」以上の、より総合的な「自立支援」の価値を提供できる。私は、ワンルームからシェアハウスへの転換をとてもポジティブに捉えた。

初期費用が払えない！

シェアハウスとして運営することを決めたものの、ここで立ちはだかる壁はまたもや「資金」だった。大家さんとの家賃交渉の結果、一人三万円、六部屋あるので一八万円が一カ月の家賃となったが、そのあとに続く大家さんの言葉に、私は凍りついた。

「敷金、礼金は、何カ月分お支払いいただけますか？　また契約はいつから開始していただけますか？」

そうだった。物件を借りるときには、敷金、礼金が必要。巣立ちプロジェクトのセミナーでも子どもたちに教えていたことだった。そして、セミナーで教えている初期費用は、家賃の六カ月分。一八万円×六カ月＝一〇八万円。

それまで私の頭の中には、初期費用がかかるという認識がすっぽり抜け落ちていた。また、借り上げるということは、毎月一八万円ずつ支出するということ。その収入源となるのは、入居者の家賃だが、空室がある場合や入居者が家賃を滞納した場合は、その穴をブリッジフォースマイルが埋めなければならない。初期費用の一〇八万円に加えて、毎月一八万円、年間二一六万円を払い続けて行けるのだろうか。残念ながら、ブリッジフォースマイルにそんな余裕はなかった。

……なんてバカなんだろう。こんな当たり前のことも考えていなかった。資金のマネジメントもできない自分が「住宅支援」などしようとすること自体が無謀だったんだと思うと、本当に悔しくて、情けなくて、泣けてきた。

メンバーと相談して、方針を決めた。「ある提案をして、それを受けてもらえなかったら住宅支援はあきらめる」。その提案とは、「一括借り上げはせず、大家さんと各部屋の入居者の間で、個別に契約してもらうこと」。つまり、大家さんにシェアハウスを運営してもらうということだ。ブリッジフォースマイルの役割は、入居者を募集して、入居後の生活をサポートすることに限定する。……そんな虫のいい話が通るわけがない。潔くあきらめよう。そう思いながら、大家さんを見る。

「わかりました。そうしましょう」

あっけなくご承諾をいただき、うれしくて、また泣いてしまった。

こうして、お金がないにもかかわらず、スマイリングプロジェクトは前に進めていくことになった。

価値観をめぐる軋轢

大家さんとの契約の話はまとまったが、次なる困難が待ち受けていた。

それは私たち内部の、考え方の違いから起こる軋轢だった。

家庭によって子育ての方針には違いがある。子育ては、育てる人の価値観、意識などが大きく反映されるものだ。ブリッジフォースマイルは、どういうスタンスで、子どもたちの支援を行っていくべきか。親代わりなのか、先生なのか、友達なのか、会社の先輩なのか。どのスタンスを取るかで、支援内容も変わってくる。

ブリッジフォースマイルとしての考え方を確立・統一するための取り組みを、してこなかったわけではない。二〇〇八年に始めた「自立ナビゲーション」という一対一の個別支援には、支援する社会人による「価値観の押し付け」や、「依存関係に陥ること」などのリスクがあった。そうしたリスクを軽減するため、助成金を使って、支援の仕組みのブラッシュアップや、サポーター育成研修の構築に取り組んでいた。個別支援を行うサポーターに受講が義務付けられた三日間の講座では、ブリッジフォースマイルの理念を伝えたり、施設職員の協力の下、退所者の置かれている現状や、よくある問題行動を学んでもらったり。自己理解を深めるため、行動特性を診断する「EQ診断」を取り入れ、コミュニケーション力を高めたりするプログラムを作っていた。

ところが、これまで以上に幅広く、生活面での支援を行うスマイリングプロジェクトでは、関わる人たちの「ライフスタイル」や「生き方」にまで及ぶ価値観の違いが、問題になる。たとえば食事について。親が忙しくて子どもだけでコンビニ弁当や冷凍食品をよく食べるという家庭もいれば、お料理好きの専業主婦の母親が、こだわりの素材で手をかけた料理をし、家族一緒に食事をする家庭もある。何を望ましいことと捉え、シェアハウスで入居者にどのような生活をするよう促すのか、支援者間にもいろいろな見方があった。

一緒に生活していく人たちがいる以上、お互いに気持ちよく生活するためにはルールを決めなければならない。とはいえ、私たちが事細かくルールを課すのは気が引ける。施設を出た後も管理されるというのでは、子どもたちも嫌だろうし、「自立」を支援する趣旨にもそぐわない。そこで、基本は「生活する人の意思を尊重する」として、月に一度の入居者ミーティングでルール決めをしてもらうことにした。だが、掃除当番や、ゴミ捨て担当など、役割を守らない人がいると、ハウスは荒れてしまう。不快な思いをする人も出てくる。ストレスがたまっていくだろう。

やはり支援者側で管理をするか。でも、それでは退所者が成長しない。どこまでをサポートしたらよいのだろう。ゴミの捨て方、掃除や洗濯の仕方、お風呂の入り方、キッチンの使い方……、生活のすべてに、その人の生きてきた環境が関わっているし、その人の価値観が関わる。「どのように生活するべきなのか」。この問いに唯一の正解はないが、ブリッジフォースマイルとしての方針はなくてはならない。議論はいつもヒートアップし、支援の方針を決める作業は、困難を極めた。

フラストレーションと失言

資金の問題、支援する人の価値観の問題に続いて、三つ目の壁は、不動産事業の抱える「リスク」だった。

空室や滞納など資金面でのリスクとは別に、シェアハウス運営者としての「管理責任」が問われる。「何か問題があってからでは遅い」のだ。

実は、大家さんは、不動産会社の社長であり、シェアハウスの運用実績もあった。不動産事業の知識も経験もない私たちにとって心強い反面、考え方の違いも大きい。児童養護施設の特別な事情を踏まえた私たちの「自立支援事業」の考え方と、シェアハウス運営の常識を知る大家さんの「不動産事業」の方針は、たびたび衝突した。

たとえば、お風呂。一軒家なので、当然、湯船がついたお風呂があった。ところが大家さんは、湯船を使わずシャワーのみにするべきだという。理由は、三つ。

①水道代が高くつく（一人ひとりがお湯を替えた場合）
②感染症のリスクがある（お湯を替えなかった場合）
③溺死事故のリスクがある

私たちは、シェアハウスのお風呂は、施設退所者が家庭のお風呂の使い方を学ぶ、良い機会になると考えていた。また、ゆっくりバスタイムを楽しむことは、一軒家だからこそ得られる豊かさだ。しかし、「事業としてのリスクヘッジ」が優先され、湯船は使えないことになった。同様に、食事の提供も、食中毒の恐れがあるから不可となった。

大家さんには、資金のない私たちに大きな譲歩をしてもらっているので、強いことも言えない。そもそもシェアハウスの事業主体は大家さんに移ってしまっている。私は、リスク対策優先で、やりたい支援ができないストレスをためていった。

そんなある日、大家さん代理の担当者と、シェアハウスの水光熱費の管理方法について話をしていたときのこと。私はメーターについて提案をした。

「ある施設長から、各部屋に電気使用量の個別メーターを付ける方法があるとアドバイスを受けました。各自、使った分が明確になっていいのではないでしょうか」

「個別メーターを取り付けるにはお金がかかります」と担当者は冷たい反応。「そもそも、電気代をみんなで節約するように話を促すのが自立支援ではないですか。あなた方は、自立支援をやっているのですよね？」

皮肉っぽい言い方にむっとして、私は我慢できずに言ってしまった。

「私たちは、不動産のことはわかりませんので、貴社のご意見を尊重します。ですが、私たちは私たちで、自分たちの活動に誇りを持っています。私たちの自立支援の在り方について、とやかく言われたくはありませんっ！」

しまった、と思ったが、もう遅かった。

翌日、一緒にプロジェクトを推進していたNさんと、大家さんを紹介してくれたHさんに、大家さんから連絡があった。

「事業をなかったことにしてください。そうでなければ、林代表を担当から外してください。林代表では話が進みません」

しっかり者のNさん、Hさんは、大家さんから信頼されていた。二人が責任をもってやるというなら、進めることも検討するというのだ。

私の失言から起こったトラブル。その尻拭いをサポーターにお願いすることなんて、できない。

終わった、と思った。

ところが、二人は予想もしなかったことを言い始めた。

「ブリッジフォースマイルとして始めたこと。今さら後戻りはできない。自分たちが担当するしかないでしょう」

私は、お金の問題だけでなく、大きなリスクを抱える事業を始めることにプレッシャーを感じ、押しつぶされそうになっていた。事務作業を手伝ってくれる人がいるとはいえ、常勤の私がやるしかない仕事も多く、時間的にも、もう限界だった。「代表は現場を離れて、組織マネジメントやファンドレイジングに移行していかなければならない」というコンサルタントからの提言も、頭をよぎった。

もしかしたら、これは、神様がくれたチャンスなのかもしれない。

泣きごとを言っている場合ではない。この窮地は仲間を信じて、大家さんとのやりとりは、仲間に任せよう。そして、私は、施設への案内、入居者募集、住宅リフォーム代の調達など、自分のできることを着実にやっていこう。

信頼が崩れていく

保証人に関する問題も残っていた。先に述べた背景から、「施設長は保証人にならない」という姿勢を貫く施設もあった。

こうした状況を改善するため、二〇〇七年、厚生労働省から「身元保証人確保対策事業の実施について」という通達が出て、施設長が保証人となったことで被る費用を公的に補助する制度ができたばかりだった。東京都では、「自立援助促進事業」の「児童福祉友愛

互助会基金　杉浦基金」という名称で運営されている。

補助があれば、施設長に保証人になってもらえる。そうすれば、滞納のリスクを大きく減らすことができる。スマイリングプロジェクトでは、施設長に保証人になってもらうようお願いすることにした。

二〇〇九年一二月下旬、たしかクリスマスの三日前に、入居者募集を開始した。

なんとか募集開始にこぎつけられたと喜んだのもつかの間、案内を見た施設職員から問い合わせがあった。

「ＦＡＸでいただいた入居者募集の案内文に、保証人への補助制度というものについて書かれていますが」電話してきた施設職員は言った。「施設長は、こんな制度は知らないと言っています。本当にこんな制度があるんですか？」

他の施設からも、同じ質問が寄せられた。東京以外の各県の施設長は、制度のことを知らないようだ。プロジェクトのメンバーたちは「間違った情報を載せてしまったのでは」と言い始めた。

そんなはずはないと、私はある県の、運営主体であるはずの社会福祉協議会に連絡をした。すると担当者は言った。

「そのような制度は当県にはありません」

慌てて、厚生労働省の担当者に問い合わせた。「通達に基づき、ほとんどの県と政令指定都市が、その制度を運用する予定」という回答だった。つまり、自治体によってはまだ制度が制度としてきちんと整備、運用されていなかったのだ。

こういうことは、よくあることなのかもしれない。いずれにしても、やってみなければわからない実態だった。ところが、この一件は、私がメンバーからの不信を招く大きな出来事となってしまった。「林さんが施設から得たと言っている情報は、どこまで信頼できるのかわからない」と……。


さらに追い打ちをかけたのは、思うように入居者が集まらないことだった。定員は五名だが、まだ二人しか申し込みがなかった。「住宅に困っている退所者はたくさんいる」という前提が崩れかねない。

施設職員たちにとっては、突如わいて出た支援の話。というのも、私はシェアハウスの提供が確実になるまで、施設職員たちに詳細をほとんど話していなかったのだ。

その数カ月前、ブリッジフォースマイルから紹介した他団体の支援プログラムの内容を私が正確に把握していなかったことが原因で、ある施設職員から厳しいクレームを受けていた。その失敗から学んだことは「不確かな状態で、期待を持たせるようなことは言ってはいけない」。だから、シェアハウスの準備を進めていることも、詳細が決まるまでは、施設職員に何も言わないようにしていた。それがあだとなった。

一二月下旬には、進学者たちの多くは住居の当てをつけていた。そもそも、進学するかどうかは、夏休みに入る前に、住居の見込みや資金状況で判断していた。また、前年度から自立援助ホームの制度が変わり、進学者が入居できるようになったことも大きな誤算だった。

物件を安く用意していただいた大家さんの手前、入居者が集まらない、つまり家賃収入がますます減ってしまう、という事態は避けなければならなかった。

苦肉の策として、退所後に就労する人、理解ある一般社会人や学生なども対象に加えることにした。その変更を受けて、入居が決まったのは、二人。

一人は、近郊県の施設に住む就労予定の高校三年生。彼女は、「住み込み寮付」の仕事に絞って、就労先を探しており、内定をもらえずにいた。一月にこの住宅支援を知り、まずは住居を決め、都内で就労先を探すことに。その後すぐ、内定を得ることができた。

もう一人の入居者は、看護士として働く一般社会人。「同じ入居者という立場で、一般家庭で暮らした経験の少ない子どもたちをサポートしてください」というメルマガ等での呼びかけに対して、応募してくれた人だ。こうして、なんとか、定員五名のうち四名の入居者が確定し、三月を迎えたのだった。

泥沼での自問自答

リフォーム代をめぐっても、簡単にはいかなかった。

大家さんの意向で、ブリッジフォースマイルがリフォーム代金を一時的に立て替え、のちに大家さんが得た家賃収入の中から返済することで合意した。ところが、その返済に関する契約書には、ブリッジフォースマイルにとって不公平な契約内容が記載されていた。返済を得られないかもしれない内容だったのだ。法務担当者に相談しながら、修正の交渉を行ったが、努力の甲斐なく聞き入れてもらえなかった。不安を残しつつも、折り合いを優先させて、そのまま締結せざるを得なかった。

大家さんの意向を尊重するNさんHさんと、自立支援のあり方にこだわる私との距離は、どんどん離れていった。メールは、相手を攻撃するような厳しい内容になっていった。会って話し合おうとしても、空気はピリピリして、すぐに感情的な口論になった。他のメンバーに間を取り持ってもらおうと一緒にミーティングに出てもらい、解決の道を探ったが、状況は変わらなかった。

いつしか、私の顔面は、ピクピクと痙攣しはじめた。胃がキリキリし、動悸がして、口がカラカラに乾いた。

このままでは、自分が壊れる。もうすべてから、逃げ出したい衝動に駆られた。

プロジェクトメンバーに、根っからの悪人など一人もいない。事業を前に進めるべく、メンバー一人ひとり、責任感をもって進めていた。大家さんだって、私利私欲なく、子どもたちのために一生懸命だった。でも、ビジネスでも、恋愛や結婚でも、社会貢献活動でも、もめたときに泥沼になるのは同じなのかもしれない。

「地獄への道は、善意で踏み固められている」という言葉がある。社会貢献活動においても、その善意が真剣であればあるほど、怖いものなのかもしれない。

結局、リフォーム代は、戻ってこなかった。

腹立たしいというより、悲しくて、何より、情けなかった。

お金と真剣に向き合ってこなかった自分。大家さんやメンバーとの信頼関係が築けない自分。交渉力も計画力もなく、夢ばかり語ってきた自分。ビジネスのリスクを知らない自分。法律や政策制度に疎い自分。……やる気だけではどうにもカバーできない。組織の代表者として、まったくの能力不足、自覚不足だった。

代表を辞めよう。本気でそう思った。

でも……。私は自分に問いかけた。

「辞めてしまって後悔はないのか」

「他に方法はないのか」

「最善を尽くしたのか」

「苦しいからと言って、逃げ出していいのか」

「逃げ出した先に、何が残るのか」

「もっと苦しい状況にある子どもたちに対して、恥ずかしくないのか」

大家さん、Nさん、Hさんとの信頼関係は、もう修復できないかもしれない。だからと言って、何もかもを失うわけではない。

夢ばかり見て、思いだけを語っていてもダメなんだ。組織の代表者としての自覚を持って、気持ちを入れ替えて、ここから再出発しよう。

新たな決意の下で、すぐにチャンスはめぐってきた。東京都からの就労支援事業受託の話だった。

第8章

企業とNPOが手を組めば

働くことも支援しよう

東京都内にある児童養護施設二葉学園の施設長、武藤素明さんから、ぜひ私に伝えたいことがあると連絡を受けたのは、二〇〇九年四月のことだった。武藤さんは、全国児童養護施設協議会の制度政策部長を務めていて、現場のニーズを制度政策に反映させるべく、奔走していた。

「林さん、いいニュースだよ。いま、景気対策で補正予算が審議されているの、知っている?」

「いいえ、知りません。何ですか?」

「いろんな分野で、必要な予算を積み上げているんだけどさ、児童養護の分野でもいくつか申請をしているんだよ。その中に、『退所後の就労支援』って項目が入っているんだ」

「え、施設退所者への就労支援に、国からお金が出るってことですか?」

「そうそう、補正予算が通ったらね。ま、国の予算が通っても、東京都がやらないって言ったらそれまでだから、一度、東京都の担当者に詳しい話を聞きに行ってごらん」

「ありがとうございます！　すぐに行ってきます！」


東京都の担当者は、快くアポイントの依頼に応じ、話をしてくれた。

「国の予算が通ったら、東京都でも事業を実行したいと思っています。ぜひ事業提案をしてください」

二〇〇九年五月、自民党が「バラマキ」と揶揄された補正予算を成立させた。そのうち厚労省の予算の中には、しっかりと「児童養護施設退所者等への就労支援事業」が入っていた。

ところが、その直後、歴史的な政権交代により、民主党政権が誕生。事業仕分けが始まった。就労支援事業の実現の見通しは厳しくなったとあきらめ、半ば忘れかけていた。

二〇一〇年二月、都の予算申請で、退所後の就労支援事業が審議に通ったと聞いた。私が長く関わってきた就労という分野でも子どもたちの役に立てるかもしれないと思うと胸が躍った。事業はパソナグループが受託し、ブリッジフォースマイルが全面的に協力をすることになった。パソナグループは、幅広い企業ネットワークを持つ上、近年は若年層の就労支援に力を入れており、行政からの受託実績も多い。一部上場企業だけあって、個人情報保護などのコンプライアンスも徹底している。ブリッジフォースマイルとしても学ぶことが多かった。

唯一の難点は、小さなNPOで自分が即断即決できる仕事のやり方に慣れてしまっていたため、大企業のルールは窮屈だったこと。自分自身が所属していた古巣の会社とはいえ、たとえば社内承認には時間がかかるし、リスクに関して細かい法務チェックが入ることもある。だが、そんな窮屈さは大局から見れば小さなことだった。

支援事業は、「ブリッジキャリア」と名付けた。まず、東京都内の児童養護施設を一斉にヒアリングした。どんな支援を希望するか、現在どんな就労支援を行っているかを調べ、議論を重ねた。そして決定したプログラムは次の通り。

【中高生に向けて】
自立に向けて動機づけとなるようなセミナー
長期休みに企業で職業体験ができるような、三〜五日間のインターン

【仕事、もしくはアルバイトを探している高校生や退所者に向けて】
面接対策や履歴書の書き方を指導
ハローワークへの同行、仕事探しサポート

こうしてブリッジフォースマイルは、就労支援にも乗り出した。

行政（東京都）の信用力と、企業（パソナ）のネットワークや組織力を借りる形で、ブリッジフォースマイルも一つレベルアップできる気がした。

就労をめぐる深刻な問題

「就労」は、経済的に自立する、つまり自分の稼ぎで生計を立てていくために、最も大切な要素だ。ところが、昨今の厳しい経済不況下、児童養護施設退所者には、高卒で就職、

中には中卒や高校中退で就労する子どもも少なくない。さらに、正規社員として就職した退所者の約三割は、二年で離職（ブリッジフォースマイル調べ）している。三年で三割と言われる一般の高卒者の離職率と比べても高い。施設退所者が十分な貯えも帰る実家も持たないことを考えると、事態は深刻だ。二〇一一年八月に公表された「東京都における児童養護施設等の退所者へのアンケート調査」には、施設退所者の七・九％（一般の一・八％と比べて四倍）が生活保護を受けていたというショッキングなデータがある。

そんな施設を巣立つ子どもたちへの就労支援。ただ就労先を見つければいい、という簡単なものではない。いまさら言うまでもなく、企業にとって「雇用」は大きな投資。できるだけ優秀な人材を採用したいのは当然だ。いくら児童養護施設の子どもたちに対して偏見がなく、応援したい気持ちを持っていても、社会貢献や社会的責任という視点だけで雇えるほど、企業にも余裕はない。障がい者のような、雇用促進のための優遇制度もない。採用されるには、企業活動に貢献できるだけの能力を備えることが欠かせないのだ。

「施設退所者」と一口に言っても、退所者一人ひとりの能力には大きな開きがある。学力が優秀であったり、コミュニケーション力があったりする子の就労支援はさほど難しくない。かえって逆境で培われたチャレンジ精神を買われて、歓迎される場合もある。

問題は、能力、もしくはメンタルに課題を持っている退所者を、いかに就労まで結びつけるか。付け焼刃の対策では、筆記試験、適性検査、面接などをくぐりぬけることはできないし、たとえ運よく採用されたとしても、すぐに辞めてしまうことになる。就労できない退所者は、生活保護を受けない限り、ホームレスになってしまう。住む場所など安定した生活基盤がないと、就労へのハードルはますます高くなる。悪循環だ。

だから、退所者への就労サポートは緊急性が高く、とても大切なことは明らかだ。だが、結局は、就労に向けて一つずつ課題をクリアしていくしか解決策はない。そのためには、就労までの道のりをもっと緩やかにする支援が必要なのだが、時間も費用も労力も、相当かかることを覚悟しなければならない。

私は、優先すべき順番として、児童養護施設にいられる中高生のうちに、就労に向けてしっかり準備することが大切だと考えている。基礎学力の向上はもちろんのこと、パソコン操作やコミュニケーション力など、日常的に目標をもって取り組むことで、仕事に生かせる力は向上すると思うからだ。外部から日常的な支援を行うことはなかなか難しいため、施設職員が果たす役割は大きい。しかしながら、施設職員もほとんどは保育の専門学校や大学を出てから施設職員としての仕事経験しかないため、世の中のさまざまな職業や仕事内容に詳しいわけでもない。

言い換えれば、民間企業で仕事をしている外部の人たちだからこそ、伝えられること、できることがある。そのためには、施設と外部支援者が連携し協力することが欠かせない。実りある就労支援は、そこから始まるのだ。

企業にできることは一杯ある

子どもたちへの支援で、企業ができることは「雇用」以外に何があるだろうか。

企業が児童養護施設に対する社会貢献プログラムを実施したい場合、まず大きく二つの方法を選ぶことができる。一つは、企業が施設に対して独自で行う支援。もう一つは、私たちのようなNPOを利用して行う支援。

数は多くないが、直接的に支援を行っている例としては、ゴールドマン・サックスがある。ゴールドマン・サックスは、いくつかの児童養護施設の子どもたちに社員がクリスマスプレゼントを贈ったり、奨学金を提供したりしている。直接支援を行う場合は、独自の社会貢献プログラムを実施できるし、支援をする子どもの顔が見えやすい。ただし、前提条件として、継続的な支援を行う覚悟が必要だ。単発的な支援は、「お金」以外は、あまり喜ばれない。また、施設とのコミュニケーションにおいては、気長であることが求められる。施設の連絡手段は電話かＦＡＸが中心。施設にメールアドレスが一つしかなく、メールを受けるパソコンは一週間に一回しか立ち上げない、という施設も珍しくない。支援の窓口となる担当者が多忙でなかなかつかまらないことも多い。

ＮＰＯを利用して行う支援は、複数の施設に支援を届けたいときや、これから初めて施設へ支援を行いたい場合に向いている。たとえば、ブリッジフォースマイルのネットワークは、東京近郊の施設で六〇以上、ハンドブックを無償提供している施設は全国で二〇〇以上、毎年六月に実施する調査の対象は全国五八〇施設だ。このネットワークを用いて、物品の寄付を仲介することや、支援プログラムを多くの施設に案内することができる。また、ＮＰＯは、どのような支援がどのような方法で届けば、施設の役に立ち喜ばれるのかを知っているので、初めての支援でも安心して参加できるのも大きなメリットになる。

以下、これまでブリッジフォースマイルが多くの企業からいただいてきた、うれしい支援の実例を具体的に紹介しよう。

物品の寄付

巣立ちプロジェクトでは、セミナー参加の動機付けとして、参加すると得られるポイントを生活必需品と交換できる、ポイントプレゼント制度を導入している。そのプレゼントとなる生活必需品の多くを、企業からの寄付で賄っている。

たとえば、退所してから必ず一着は持っていたいのが、仕事はもちろん、冠婚葬祭でも役立つベーシックな黒のスーツ。株式会社ＡＯＫＩは、長くご支援をいただいている会社の一つだが、毎年、スーツをセット（スーツ上下、靴、男性：シャツ／ベルト／ネクタイ、女性：ブラウス／バッグ）でいただいている。しかも、実際に店舗に出向き、自分で気に入ったものを選び、試着してピッタリに仕上げていただいている。

株式会社ハウス オブ ローゼからはシャンプー&リンス等を、シチズンホールディングス株式会社からは腕時計を、味の素株式会社からは調味料のギフトセットを、東邦レマック株式会社からは女性用の靴を、花王株式会社からは化粧品や掃除用品などを頂戴している。

年々、巣立ちプロジェクトの参加者の増加に合わせて、用意するプレゼントも増やさなければならない。たとえば二〇一一年は、参加者六六人×三万円で、約二〇〇万円相当のプレゼントが必要だったが、毎年、企業のご協力のおかげで目標を達成している。

また、巣立ちプロジェクトでは性教育も行うため、ジェクス株式会社からコンドームをご提供いただいている。加えて、参加者全員に修了プレゼントとして、キヤノンマーケティングジャパン株式会社より毎年電卓をいただいている。ノートやボールペンなどノベルティグッズをご提供いただく企業もある。

生活必需品以外の物品でも、巣立ちプロジェクトにかかわりなく、仲介を行うことがある。その場合、まず提供予定の品物について、複数の施設にＦＡＸを送って希望を募る。応募を集計し企業に報告。そして企業から直接、施設に送付していただく形をとっている。これは、ひと口に「児童養護施設」と言っても、子どもたちの年齢や志向、施設の規模や寄付事情がそれぞれの施設で異なるからだ。特に、物品の種類やサイズ、柄などが複数ある場合は、この方法で選んでもらうのが有効だ。

会議室やイベント会場の提供

ＮＰＯの活動を支えていただく上で、会場を貸していただくのも非常にありがたい。すでに書いた通り、ブリッジフォースマイルは設立以来、株式会社パソナグループにオフィスを提供してもらっている。パソナのオフィスは交通の便がよい上、ボランティアメンバーとミーティングをする会議室や、来客対応のスペースが豊富にある。ＮＰＯにとって、こんな恵まれた環境を利用できることは、たいへんありがたい。

また、子どもたちを迎えてセミナーを行う研修会場についても、企業の協力をいただいている。パソナグループはもちろんのこと、株式会社味の素コミュニケーションズに巣立ちセミナーの会場をお借りしたり、株式会社ＷＯＷＯＷに年に一度の大同窓会の会場をお借りしたりしている。

公共施設の研修室を借りればいい、と思われる方もいるかもしれない。たしかに、三時間三〇〇〇円ほどで利用できる施設もあるため、ブリッジフォースマイルも頻繁に活用している。ただ、二カ月前からしか予約ができなかったり、利用希望者が多く抽選になったりする例が多い。企業に提供いただけるのは非常にありがたいのだ。

企業向けサービスの無料・格安提供

企業向けに提供されるサービスを無償もしくは格安で提供していただくことも、資金繰りが厳しいＮＰＯにとってありがたい支援。業務効率化とともに大きな経費節減に役立っている。シナジーマーケティング株式会社は、顧客管理やメールマガジン配信のクラウドシステムを、株式会社メテムは電話受付のＩＶＲシステムを、ともに無償で提供してくださっている。二〇一一年に始めた奨学金プログラム「カナエール」では、イー・アクセス株式会社からネットブックとモバイルブロードバンドの通信環境の提供を、ソフトバンクモバイル株式会社からｉＰｈｏｎｅを無償で貸し出していただいている。また、食事付の独身寮を運営する株式会社共立メンテナンスは、退所者が特別料金で入寮できるようにしてくださっている。株式会社アメニクスには、奨学金支援「カナエール」のホームページ関連全般を無料で作っていただき、ドメインとサーバを無料でお借りしている。

プロボノと呼ばれる支援もある。知識労働者が自分の職能と時間を提供して社会貢献を行うことだ。コンサルティング会社のベイン・アンド・カンパニーは、先述の通り、二カ月にわたってNPO経営のコンサルティングを行ってくれた。日本アイ・ビー・エム株式会社には、プロジェクトのKPI（重要業績評価指標）についてのコンサルティングをしていただいた。また、ブリッジフォースマイルが年に一回行う児童養護問題の調査研究では、消費者の購買行動、視聴行動の調査や分析を行うニールセン・カンパニー合同会社が、調査の設計や分析に協力してくださっている。

年六回行っているボランティア向け研修「自立サポートスタッフ養成講座」では、EQ診断とEQ研修を実施しているが、EQ研修は有限会社コーフィールがご協力くださっている。また、株式会社ライフスタイルプロデュースには、ブリッジフォースマイルのスタッフ向け研修やボランティア向けの研修などにご協力いただいている。

プログラム協力

就労支援のプログラムは、企業の協力なしには成立しない。夏休みなどに企業のオフィスをお借りして行う職業体験「ジョブプラクティス」。子どもたちは、オフィスを訪問して社員の方々が働く様子を間近に見たり、自ら仕事の体験をしてみたりすることで、将来働くイメージを持つことができる。企業にとっては、社員が参加しやすい社会貢献プログラムだ。遠方の施設に出向く時間も必要なく、内容的にも事業内容などの説明と自社サービスの仕事体験の提供なので比較的容易だ。プログラム作りはブリッジフォースマイルが協力し参加者募集も行うため、企業担当者の負荷は少なくてすむ。また参加する社員には一時間程度の事前研修を行うので安心だ。

このようなジョブプラクティスの開催に、これまで株式会社ハウス オブ ローゼ、プリモ・ジャパン株式会社、アドビ システムズ 株式会社、ワタミ株式会社にご協力いただいている。

東京都事業の「ブリッジキャリア」でも、同じように職業体験の機会として、三～五日間のインターンを行っている。実際の仕事をお手伝いするため現実的な内容だ。協力していただいている企業は二〇一二年四月現在で一三社（株式会社プロロジス、株式会社佐藤商会〔TSUTAYA調布店、調布国領店、京王稲田堤店〕、株式会社アイエスエフネットハーモニー、有限会社シミズオート、プラネットワークス株式会社、ミニストップ株式会社、ヘアサロン大野グループ、ファースト電子開発株式会社、フローラ洋菓子店、株式会社ベネッセビジネスメイト、医療法人社団楠目会　老人保健施設くすのきの里、シチズンホールディングス株式会社、株式会社ディノス）。加えて、退所者の就職受け入れ先として、山本重機興業株式会社、株式会社イーエスピーの二社にもご協力いただいている。他にもまだ仲介実績はないものの協力を申し出てくださっている企業が数社ある。

また、ＳＡＰジャパン株式会社は、就職活動やアルバイト面接を控えた高校生や、高校受験前の中学三年生を対象にした、マンツーマンによる面接対策セミナーの実施にご協力くださっている。

資金協力

しばしば「ＮＰＯは国から補助金をもらえるんでしょう？」と言われることがあるが、大きな誤解だ。もらえると決まっているお金はない。ブリッジフォースマイルでも、独立行政法人福祉医療機構（ＷＡＭ）や日本郵政公社など公共性の高い組織から助成金をいただいたことがあるが、これは選考に通ってはじめてもらえるお金だ。

企業からの資金協力や、企業が持つ財団による助成もあるが、それも多くは募集選考の上で決定される。これまでブリッジフォースマイルは、パナソニック株式会社に「自立ナビゲーションとボランティア研修」の構築費を、公益財団法人三菱財団に「自立ナビゲーション」の制度構築費を、株式会社ラッシュジャパンに「アトモプロジェクト」の運営費を、それぞれ助成していただいた。

企業のCSRの方針に合致すると、継続的に資金援助をいただくこともある。たとえば、日本アムウェイ合同会社の社会貢献プログラムは児童虐待問題をテーマに掲げており、ブリッジフォースマイルは、二〇〇八年から継続的に同社の支援を受けている。巣立ちプロジェクトのセミナー開発費や、出張セミナー開催費、一人暮らしハンドブックの製作費など、プロジェクトを全国に普及させるための支援だ。同じく、児童養護施設の子どもたちに奨学金提供を行っている読売光と愛の事業団には、『自立支援白書』という広報誌の製作を継続的に支援していただいた。

ユニークな寄付の仕組みとして、社員がボランティアをした時間に時間単価（一五〇〇円〜二〇〇〇円）を掛けた金額を会社が寄付する、という制度を持つ企業がある。BNYメロンがそうだ。NPOとしては、ボランティアをしていただく上に寄付金までいただき、とてもありがたい。また、株式会社日立製作所の資金援助プログラムは、従業員がボランティアとして参画、もしくは資金を援助している団体に対し、実際にボランティア活動を行っている従業員からの申請に基づき選考し、支援を決定する。日立グループに勤務するボランティアメンバーがこのプログラムにブリッジフォースマイルを推薦してくれた。

選考の結果、支援が決定し、寄付金のほか、講演の機会もいただいた。そのほか、社員有志である会員から募った寄付金を（会員が選んだ団体に）寄付する「社会貢献クラブ」をもつ会社も少なくない。

従業員が寄付する際、その同額を会社が寄付する「マッチングギフト」という制度も増えている。寄付の効果が二倍になるわけだ。その仕組みにより、日本ユニシス株式会社、キユーピー株式会社、株式会社リコー、MS&ADインシュアランス グループ ホールディングス株式会社から寄付金をいただいている。

外資系企業の場合は、海外の親会社から直接資金をいただく場合がある。たとえば、アドビ システムズ 株式会社では、その本社が設立したアドビ ファウンデーションという財団から資金援助を受けることができた。協賛金はドルでいただいた。BNYメロンも同様である。日本法人の社会貢献担当者の推薦をいただき、英語で申請書類を書き、特に不備がなければ承認が下りる。本国で資金を一元管理するのは、社会貢献をグローバルな視点で行う必要があることと、税金優遇制度が整っているためだ。英語が得意な人がいなければ、書類作成はかなり苦しいが、日本法人の担当者が手伝ってくれて、たいへんありがたかった。

ショッピング等で貯まったポイントを寄付にしたり、インターネット販売サイトで寄付募集を代行したりする支援もある。福利厚生代行会社である株式会社ベネフィット・ワンには、サービスを利用している会員が保有するポイントを、ブリッジフォースマイルへの寄付に充てられるプランを掲載いただいている。また、株式会社良品計画には、無印良品のネットストアで購入できる「募金券」という、一〇円から寄付ができる仕組みの中で、活動を紹介していただき、寄付金もいただいた。

社員への告知協力

最後に、企業にとって最もハードルが低く、かつ影響の大きな支援。ボランティアや寄付の募集案内を、社内掲示板などに掲載していただくことだ。巣立ちプロジェクトや生活必需品の寄付などは、そうした協力に支えられている。ボランティアや寄付をしたいと思っても、どこにすればいいかわからない、という人は少なくないだろう。勤務先の社会貢献部門から紹介されていれば、担当者がフィルタリングし、一定の基準をクリアした団体だということで信頼感がある。ボランティア活動や寄付が初めてという社員でも、安心して参加することができるのだ。

また、古本やＤＶＤ、ゲームソフトの寄付などでも、社員への告知協力は大きな効果を持つ。株式会社バリューブックスは、古本等の買い取り代金をＮＰＯに寄付する支援

「ブックフォースマイル」を行っている。誰の家にも提供できるものがあり、送料もかからないたいへん手軽な支援だが、重要なのは実際にどれだけ多くの人が参加するか。社内掲示板での告知や回収箱の設置など、社員の目に触れるところに情報を置いてくれるだけでも大きな成果が期待できる。

企業の協力を得るために

「なぜブリッジフォースマイルは多くの企業の協力を得られるのですか?」

他のNPOの方から、そんな質問をされることがある。ブリッジフォースマイルは二〇一二年三月の時点で約六〇社の企業・団体のご協力をいただいている。協力を得るための秘訣を教えてほしい、と言われるのだ。考えられる一つの要因として、私を含めスタッフに民間企業での営業経験者が複数いることがある。また「自立」というテーマが幅広い支援を必要とすることも一因かもしれない。

でも、協賛を断られて落ち込むことも、決して少なくない。断られるときによく理由とされるのが、公平性。「どのNPO団体さんも素晴らしい活動を行っているので、当社では選ぶことができない」「一つのNPOに支援を行うと、他のNPOもお断りできなくなる」というのだ。こういう場合は、会社が社会貢献事業に積極的に取り組む段階ではないことが多い。他にも、「うちは本業を通じて社会貢献を行っていますから」と言われることもある。事業が成り立つのは世の中の役に立っているからだと捉えれば、どんな会社も社会貢献をしていることになるわけだが。ともかく、その会社のスタンスがそうならば嘆いても仕方がない。社会貢献に意欲のある会社は他にもたくさんある！　と気持ちを切り替えるようにしている。

以下、NPO関係者に役立ちそうなヒントを、具体的にお伝えしたい。

出会うためには、アプローチするしかない

そもそも、NPOと積極的に連携して、社会貢献を行おうとする企業にどうやって出会ったらよいのだろう。

まずオススメするのは、中間支援団体を活用すること。中間支援団体とは、NPOを支援することを目的とし、寄付やボランティアなどを仲介したり、NPOの組織作りを手伝ったりしてくれる団体のことだ。NPO法人パブリックリソースセンターや、NPO法人チャリティ・プラットフォーム、日本財団CANPANプロジェクトや、地域の社会福祉協議会が運営しているボランティアセンターなどである。企業は、社会貢献を始めるときに、中立的な立場にある中間支援団体に相談したり、紹介依頼をしたりしている。だから、まず中間支援団体に利用登録し、相談してみるといい。情報をたくさんくれるし、ボランティア募集のチラシなどを置かせてもらったり、CSR担当者が集まる会合に参加させてもらったりすることも可能だ。

具体的にほしいモノや協力内容が決まっている場合は、インターネットで調べよう。企業理念や、その会社が取り組む社会貢献活動などを、ホームページで確認し、可能性がありそうだと思ったら、直接会社に連絡をしよう。ホームページから問い合わせができる場合もあるし、会社の代表電話番号にかければ、社会貢献担当者につないでくれる。

ちなみに、巣立ちプロジェクトで生活必需品寄付を仲介するにあたり、もっとも協賛がほしいのは「生活家電」。家電メーカー、販売店、リサイクルショップなど、一通りあたっているが、なかなか苦戦している。メーカーと販売店の関係、型落ち品や中古品の流通事情など、業界特有の規制や慣例が立ちはだかっている。

一方で、スマイリングプロジェクトで、新しいシェアハウスを立ち上げる際、備え付ける家具が必要だったため、家具メーカーをあたった。いくつかアプローチした中で、unico（ウニコ）というブランドを展開する株式会社ミサワの担当者に会うことができた。ちょうど株式上場を果たしたばかりで、会社に合った社会貢献の在り方を検討していた矢先だったらしい。話はとんとん拍子に進み、シェアハウスで使うダイニングセット、食器棚、ベッド、デスクなどの家具一式を、社員によるトータルプロデュースの下で無償提供していただいた。そのおかげで、立ち上げ費用を大幅に削減でき、さらにとても素敵な空間を入居者に提供することができた。

ダメで元々と割り切って、積極的にアプローチすること。それ以外に、支援してくださる企業との出会いのコツはない。

次に、どうやって自分たちを選んでもらうかを考えてみたい。同じように企業の協力がほしいと思っているNPO、つまりライバルはたくさんいる。

提案スキルを磨く

「目的と活動内容が、はっきりしているのでわかりやすい」と言われることがある。伝えたいメッセージをいかに的確に表現するか。自分のNPOの、「解決したい社会問題」「目指すべき理想像」「取り組んでいる事業内容」をそれぞれ一言で言い表せるだろうか。やってみるとたいへん難しい。「一言」は、もっとも本質的で、的を射ていなければならない。もちろん、私だって最初からできたわけではないし、今でも新規事業を立ち上げるたびに懸命に頭をひねっている。しかし、自分で的確に表現できないことが相手に的確に伝わるわけがないのだから、「一言」にすることをあきらめてはいけない。

一言で表現できるようになったら、次は、プレゼンテーション、提案資料や話し方など、伝え方を磨こう。資料作成は、パワーポイントなどのプレゼンテーション用のソフトを使うことが一般的だが、使えなくても心配いらない。手書きの絵で伝えられたら、パソコンが得意な人に作ってもらえばいい。そのための支援サービスを利用する手もある。

NPO法人サービスグラントは、NPOのホームページやパンフレット、営業資料などの情報発信ツールを製作支援してくれる中間支援団体だ。サービスグラントには、プロジェクトマネジメント、調査、マーケティング、デザイン、ウェブ制作等のプロフェッショナルスキルを持った多数の社会人が「プロボノワーカー」として登録している。ブリッジフォースマイルはこれまで、巣立ちプロジェクトのパンフレットと、ホームページリニューアルを依頼している。どうしたら相手に伝わるかを考えるプロであるため、「一言」の整理や、印象で伝えるデザインなども頼りになる。さらに、関係者へのヒアリングなどでニーズ調査から手伝ってくれるのもありがたい。

助成金申請書の作成を指導してくれる支援サービスもあるし、プレゼンテーション力を磨くためのセミナーなども役に立つかもしれない。私自身も、設立したばかりの頃、助成金申請書作成を委託したこともあるし、「講師力トレーニング」で、メッセージの伝え方、間の取り方、目線の配り方などを学んだこともある。

気を付けたいのは、「こんなに良いことをやっているのだから、企業が協力してくれて当然」というスタンス。企業担当者から嫌われるパターンだ。自戒を込めて言うが、NPO関係者は、自分たちの活動にのめりこむあまり、井の中の蛙になりやすい。誇りを持つことは重要だが、度が過ぎると、引かれてしまう。相手の知識や、社会貢献活動に対する熱意（温度）を、理解し、相手が受け止めやすいように工夫する必要がある。

成果報告を磨く

「会計報告を含む報告書が毎年出されていて、しっかり運営されていますね」とよく言われる。運営がしっかりしているかどうかは、さておき、資料がしっかりしていると、大きな安心感につながる。何より社内で承認をとるとき、提案書と共に活動報告書があると、上司の承認が得やすいそうだ。

どんな成果を出しているのか、どんな評価を受けているのか、数値やメディア掲載などを利用して客観的に示すことは、とても大切だ。「現場に来て見ていただければ、活動の意義がおわかりいただけます」というのでは難しい。その活動意義を理解していない状態で、担当者がわざわざ時間を取って活動現場を見にきてくれるなんて、まずありえない。図解、グラフ、写真や映像などを駆使して、なんとかその場で活動意義を理解してもらわなければならないのだ。

「他の団体と比べて、反応が早い」とも、ときどき言われる。報告においてスピードを重視するなら、メールや電話はたいへん有効な手段だ。企業のスピード感についていくのは、人手の少ないNPOにとって容易なことではないが、だからこそ他団体と差別化するポイントになりうる。

継続的に支援をいただくには

NPOが継続的な活動をするなら、一度ご支援いただいた企業にはその後も継続的に支援をお願いしたい。そのためには、企業にとって、無理がない支援の形を示し、かつメリットを感じられるようにしなければならない。

企業のニーズを汲み取って、実現する方向を探る姿勢も大切だ。社員のボランティア活動を推進したい、という会社に、寄付金の協力依頼ばかりしていても仕方ない。一回三時間程度でできるボランティア活動をしたい、というニーズもある。相手の要望にどこまで応えられるか、自分たちができることを考える。企業の意向を汲み、Win-Winの関係を作る努力は欠かせない。その積み重ねで、最初はボランティア情報掲載だけだった企業の支援が、その後、物品提供や資金提供につながることもある。

たとえば、多くの企業は、自社の取り組む社会貢献事業を多くの人に知ってほしいと思っている。自社のホームページやアニュアルレポートに掲載したり、株主総会で紹介したりすることもある。また、メディアで取り上げられることを期待したりもする。それを「企業の広報活動に使われる」と嫌がるNPO関係者もいるが、私は積極的に企業の広報活動に協力し、できる限りアピールしている。自分たちの取り組む社会問題や活動を、企業のホームページなどの媒体を通じて知ってもらう機会が増えることは、私たちにとっても大きなメリットだから。それに、企業が社会貢献することがかっこいい、さらには当たり前の世の中になればいいと思うからだ。

もちろん、すべて相手の言いなりになる必要はない。時にはNPO側から支援をお断りすることもあるだろう。反社会的な勢力からの支援をお断りするときは、断固とした態度も必要だろうし、ポリシーを曲げたり、芯がぶれたりしては、かえってこれまで支援してくれた人たちからの信用を失う。一緒に活動するのが難しいと思ったら、無理に支援を仰ぐ必要はない。

ＮＰＯと協働するために

最後に、ＮＰＯと一緒に活動したことのない会社や、ＮＰＯとなかなかうまく協働できないという企業担当者の方々には、ＮＰＯ側の事情を理解して、相互補完的な関係を築くことを目指してほしい。

ＮＰＯ関係者は、活動には一生懸命だが、営業や組織運営には無関心だったり、苦手だったりする傾向がある。専任スタッフや会計担当がいないことや、スタッフ全員が無給、手弁当で活動していることは、決して珍しくはない。ＮＰＯを動かす人たちのモチベーションは、「思い」や「志」なのだ。そのためＮＰＯを行う人の誰もが、自分たちは社会的意義の高いことをしているという誇りやこだわりを持っている。その誇りやこだわりを尊重せずに、「もっと成果を上げるにはこうした方がよい」と民間企業の常識を持ち出したり、「協力してあげるのだから」という態度で企業側の都合を押し付けたりする会社を、ＮＰＯ関係者は嫌う。

ＢＮＹメロンの例をご紹介しよう。あるチャリティイベントでブリッジフォースマイルのことを知り、支援を決定いただいたものの、日本でのＣＳＲ活動はこれからという段階だった。窓口となっていただいた高橋取締役は、「社員をボランティア活動に参加させたいが、忙しいので、単発で気軽にできる活動を作ってほしい」と言っていた。とはいえ、証券会社の職業体験プログラムでは、子どもたちにとって魅力はなさそうだ。対人援助に慣れていない社員が参加するボランティア活動として、「巣立ちプロジェクト」をおすすめした。高橋取締役は、「初年度は最低三人が参加できればいい。継続的に参加できる三人を集める。まずは社内でランチ説明会の時間をとって、社員に活動説明をしてほしい」と言った。説明会には二〇人近くが参加してくれた。そのうち五名が実際に巣立ちプロジェクトに参加した。高橋取締役も、まずは自分が体験することが大切、と継続的に参加することになった。

ニックネーム「のぶさん」として六カ月間の長い活動を終えた高橋取締役はこう語った。

「本当に素晴らしい活動に参加させていただき、ありがとうございました。継続的に活動しないと子どもとの関係が築けないというのは、その通りでした。それに、会社の立場を離れて多様な人たちと一緒に活動できたことは、個人的にとても貴重な経験でした。コミュニケーションとか自立とか、自分自身のあり方を見直すことができました」

一社員として企業の中で働くこと以外に、社会と関わる活動を行うことが、社員の視野を広げたり、刺激になったり、コミュニケーション力を上げたりする。社会的意識とスキルの高い社員は、会社でもさらに良いアウトプットを出せるようになるだろう。企業にとっても、社員が社会貢献事業に参加するよう促すことのメリットは大きいはずだ。

企業がＮＰＯとの協働を通して、その資産、資源を上手に活用すれば、もっとＮＰＯの活動環境はよくなるし、その結果、支援を待っている人たちの環境も改善されていく。それがひいては、日本社会を構成する一人ひとりが、日本を変えていける力を身につけることにつながるのだ。私はそう確信している。

第9章 希望をもって生きること

奨学金とスピーチコンテスト

二〇一〇年二月。当時「常勤スタッフ」は私だけだったので、外部からの問い合わせは、すべて私が携帯電話で受けていた。ボランティアの問い合わせをはじめ、「児童養護施設について教えてほしい」という漠然とした内容まで、さまざまだった。施設の子どもたちに何かしたいという思いを多くの方が持っていることは、もちろんうれしい。協力者になってくれるかもしれない。だから、お話を聞きたいと言われれば、できる限り応じるようにしている。でも、問い合わせはどんどん増える。そろそろ限界だ。そんな気持ちでいたとき、羽塚順子さんから問い合わせが入った。

「突然のお電話すみません。羽塚と申します。フリーライターをしている者ですが、ブリッジフォースマイルのことは、いろんな方からお名前を聞いていて、以前から何かお役に立てないかと思っていました」

「ありがとうございます」

「私自身も、家庭の事情で大学に行くことができず、悔しい思いをしていまして。子どもたちの役に立ちたいと思っています。今、私が本の執筆のお手伝いをしているある企業の役員は、施設退所者でたいへんな苦労をされているのですが、子どもたちに夢を持つことの大切さを伝えるため、全国の児童養護施設を講演して回りたいとお考えでいらっしゃいます。どんな形でお役に立てるかわからないのですが、ぜひ、一度お会いしたいと思っています」

私は喜んで羽塚さんと会うことにした。なぜなら彼女が、「フリーライター」だったから。その頃、この活動を広げていくためには本を書いたほうがよい、と勧められていたのだが、とても自分で書く自信はなく、執筆に協力してくださる人を探していたのだ。

お会いして、羽塚さんがライターの他に、障がい者の支援をしようとしていること、ご自身の体験から児童養護施設の子どもたちの大学進学の夢をかなえてあげたいと思っていること、協力してくれそうな人がいることなど話を聞いた。

「前に障がい者のビジネスプランコンテストがあって、私はとても感動したのです。施設の子どもたちにも、同じようなことができないかと思いまして」と羽塚さんは言った。

「進学を希望する子どもたちがたとえば、『スピーチコンテスト』で夢を語り、優秀賞を取った人に奨学金をあげる、というのはどうでしょう?」

「そうですね……」私は気乗りしなかった。「施設出身者にとって、進学はたしかに大きな課題ではあるのですが、奨学金となると、どうやってお金を集めたらよいのか。当団体でも、資金の寄付って、なかなか集まらないのです。しかも、引っ込み思案な子どもが多いのでスピーチ自体が相当嫌がられると思います。プライバシーの問題もあるので人前に出ることを施設職員が快く思わないでしょう」私は話題を変えた。「ところで、羽塚さんは、ライターをなさっていると伺いました。実は私も本を書きたいと思っています。ご協力をお願いすることはできませんか?」

「……すみません、実は今、執筆協力の依頼が八件ほど入っていまして、とても忙しくしています。ご協力できそうにありません……」

こちらの目論見は、見事に外れた。

「林さんにぜひご紹介したい人がいます。施設出身者の黒岩禅さんという方で、TSU

TAYAの店舗をフランチャイズ展開している会社の役員をされていて、全国大会でグランプリを取られているようなすごい方なのです。子どもの頃、弁論大会で優秀賞を取って、高校進学のための奨学金をもらったそうです。黒岩さんも、子どもたちの役に立ちたいと仰ってます」


黒岩禅さんは、大柄で、黒いバンダナを頭に巻いた、独特の存在感のある人だった。

「ぜひ、全国の児童養護施設で自分の経験を話して、子どもたちに夢の大切さを伝えたいんです。ところが、あちこちの施設に電話をしていますが、まったく取り合ってもらえないんですよね」

「施設にしてみれば、どうしても警戒してしまいますよね。見知らぬ人から、突然電話で『子どもたちに話をしたい』と言われても、どんな話をされるのかもわからない。喜んで『来てください!』とはなかなか言えないと思いますよ……」


黒岩さんのお役に立つのは難しそうだった。ただ、内定していた東京都の就労支援事業に協力してもらえるかもしれないと考え、思い切って聞いてみた。

「児童養護施設の子どもたちを、TSUTAYAで就労させてもらえませんか?」

「地域の中学生に職業体験はしてもらっているので、施設の子どもたちにも、夏休みなどに一週間くらいなら、受け入れることができますよ」
「ぜひ、お願いします！」

できるかも。

最初は「難しい」と流してしまった奨学金スピーチコンテストのアイディアだったが、その後も何か、気になっていた。「ドリームプランプレゼンテーション」（通称ドリプラ）という、夢を語るコンテストの仕組みもヒントになった。人の夢を聞くために一万円の入場料を支払うという。

人は、夢に向かってがんばる人を応援したいと思う。同じような仕組みで、子どもが夢を語る場があれば、奨学金を集められるかもしれない。さらに、子ども自身が「がんばろう」という気持ちを固めるためにも人に語ることは重要だし、語ることによって、応援してくれる人も集まってくるだろう。卒業までがんばる力につながるかもしれない。

周りの人にもスピーチコンテストのアイディアについて、話してみた。反応は悪くなかった。

「児童養護施設の子どもたちと言われても、なかなかピンと来ない。実際に会って話を聞いてみたいと思っていました」

海外の子どもの進学を支援する「フォスターペアレント」のプログラムに寄付をしている人はこう言った。

「自分のお金がどんな風に使われているのか、はっきりわかると寄付を続けやすい。海外の子どもに、月三〇〇〇円送っていますが、本人の写真と一緒にありがとうと書いたカードが届く。私が支援していると思うと、やめられない」

フォスターペアレントの日本版を作れないものか。

だが、ネガティブな意見も少なくなかった。ある施設職員はこう言った。

「大学進学のための奨学金は、とてもほしい。でも、人前でスピーチできるような優秀な子は、施設にはなかなかいませんよ。また、多くの人に児童養護のことを知ってもらうことは重要だと思いますが、実際に子どもたちが自分たちのプライベートな事情をどこまで話さなければいけないか、ということも心配です。複雑で大変な生い立ちを抱えている子も多く、それを明らかにしていくことにはリスクがあります。コンテストで話す内容を誰かがしっかり監修する必要があるでしょうね」

ブリッジフォースマイルの仲間も懸念を示した。

「お金が集まらなかったときはどうするんですか。また、それだけの事業を誰がやるんですか。ただでさえ人が足りない中、新しい事業に人は割けません。既存事業も立ち行かなくなったら元も子もないじゃないですか」

たしかにその通りで、不安材料は枚挙にいとまがなかった。

四月。ＥＴＩＣ．（エティック）というＮＰＯから、連絡が入った。インターンシッププログラムに参加しないか、というお誘いだった。ＮＰＯ法人ＥＴＩＣ．は、ベンチャー企業やＮＰＯなどのソーシャルベンチャーに大学生インターンを派遣する業務を行っている。最近は、社会起業家の育成にも熱心に取り組んでいる。

花王株式会社がＥＴＩＣ．と協働している「次世代社会イノベータープログラム」というものがある。社会起業家に転身を考える社会人が八カ月間のインターンシップを行い、同時に派遣先の社会的企業を支援するプログラムだ。そのインターンの受け入れ先になってもらいたい、というお話だった。ブリッジフォースマイルは、それまでオフィス事情からインターン生を受け入れることができなかったが、その年に始めたスマイリングプロジェクトのシェアハウスを、昼間オフィスとして活用する案が浮上していた。

ＥＴＩＣ．の担当者は、社会起業家の志望者が八カ月間、本気で取り組めるような課題を提示してほしい、と言った。そこで、二つの課題でインターン人材を募集することにした。

一つは、寄付を仲介する仕組みの改善。もう一つが、「奨学金スピーチコンテスト」。もしインターンに応募してくる人がいるなら、実現の可能性を探ってもらおう。軽い気持ちで課題を提示した。そこに応募してきたのが、植村百合香だった。

七月。日曜日の夕方、神田のルノアールで植村の面接を行った。植村は二十代半ばの明るい女性で、それまで出版社で働いていた。

「どうしてうちの団体を希望したのですか？」

「社会起業家というものに興味を持つようになって、それなりにＮＰＯについても調べていたのですが、こちらの団体の名前は、まったく聞いたことがありませんでした。すごく大事な活動をしているのにもったいないと思いました。他の団体に比べて広報が弱いので、私でも役に立てることがあるのではないかと思いまして」

「それは、ありがとうございます（苦笑）。で、お願いするとしたら、退職手続き等を終えて、一カ月先くらいになりますか？」

「退職届は、もう出していまして、ちょっと旅行に行ってきますが、一週間後くらいから働けます」

後先を考えずに勢いで行動するあたりが自分に近く、やや不安に思ったが、新しいことに積極的にチャレンジする姿勢に好感を持った。何よりフルタイムで働いてくれる社会人インターン生は、経済的に厳しいNPOにとって貴重な働き手だ。また、新しい奨学金支援事業をスタートするために絶対欠かせない条件、「専任で進められる人材が確保できること」というハードルがクリアできる。私は植村を採用した。

「カナエール」プロジェクト発足

八月。私はタレントのMEGUMIさんと表参道ヒルズで対談することになった。唐突な出来事だった。ブリッジフォースマイルのホームページを見た、NPO法人ソーシャルコンシェルジュの林路美代さんから「私たちが運営しているグリーンなセレクトショップDGBHで、友人のMEGUMIさんがプロデュースする子ども服の売り上げの一部を寄付したいと考えています。一度お会いしたいです」と連絡をもらったのだ。

「MEGUMIさんと相談して、日本国内の子どもたちを支援するNPOに、寄付をしたいと考えています。いくつかの団体を検討した結果、ブリッジフォースマイルにしようと思います」と路美代さん。

「たいへん光栄です。いま新しく始めようとしているプログラムは、多くのお金を必要としていまして、広報が得意でない私たちには、MEGUMIさんのような知名度のある方にご協力いただけることは、たいへんありがたいのです」

「新しいプログラムとは、どんなものですか?」

「進学の夢を拓くための、スピーチコンテストです。子どもたちが、自らの夢を支援者に直接語るのです。支援者には入場チケットを払ってもらって、それを奨学金にしようと思っています」私は徐々に具体化されてきていたプランを説明した。

「素晴らしいですね。ぜひ協力させてください」路美代さんは目を輝かせて言った。「セレブリティや富裕層の人たちは社会貢献をしたいと思っていますが、どういう活動をしたらよいか、どこに寄付をしたらいいのか、わからずにいるのです。私たちのミッションは、そういう人たちをNPOにつなげることです。ぜひ協力させてください」


富裕層。「たくさんお金を持っている人たち」につながるなら、奨学金が集められるかもしれない。本気でやってみよう。私は覚悟を決めた。

一〇月。児童養護施設のために何かしたいと思っていた人たちが集まって、「奨学金スピーチコンテスト」のキックオフ・ミーティングをした。羽塚順子さん、黒岩禅さん、林路美代さん、植村や施設職員など、一〇人ほどが集まった。このとき決まっていたことは、次の六つ。

●奨学生は一〇名
●スピーチコンテストでは本人のスピーチと、紹介ビデオ上映をする
●対象者は、進学予定の高校三年生～すでに進学している退所者にする
●コンテストまで、ボランティア三名がサポートをする
●コンテストの観客は、一万円の入場料を払う
●スピーチの優劣にかかわらず、一律三〇万円の奨学金を払う

このプログラムの難しい点は、子どものスピーチで多額のお金を集めることにあった。子どもによるスピーチが、寄付をもらうための、いわば「ショー」となるのだ。お金をもらう以上、中途半端な出来では、納得されない。しかし、彼らは、まだまだ支援を必要とする未成熟な若者だ。彼らに寄付集めの期待をかけるのは、酷ではないのか。そのジレンマは、その後もプログラムを考えていく上で、つねに付きまとった。

スピーチコンテストに出場する、進学中の施設退所者もしくは進学予定の高校生を、夢をかなえるためにチャレンジする勇士「カナエルンジャー」と呼ぶことにした。そのカナエルンジャーをコンテストまで支えるため、ボランティア三名の「エンパワチーム」を

作る。三人の役割はそれぞれ、スピーチ原稿作成を手伝う「メンター」、スピーチ前に上映する紹介ビデオを撮影・編集する「クリエイター」、チームをまとめ事務局と連絡を取り合う「マネージャー」だ。四人一組となって、三月の合宿から六月のコンテストまでの三カ月間、準備を行う。

プロジェクトの名称も決めた。三つの候補の中から選ばれたのは、「カナエル」だった。さらにエール（応援）の意味を加えて「カナエール」に決まった。

奨学金スピーチコンテスト「カナエール」は、一気に実現に向けて走り出した。

プロフェッショナルたちが集結！

ただでさえ人手が足りないブリッジフォースマイル。カナエールを開催するには多くの協力者が必要だ。ネットワークの広い路美代さんが、フロネシスの岩野翼さんを紹介してくれた。フロネシスは、デザインでＮＰＯの広報を手伝ってくれる社会的企業。岩野さんにカナエールのロゴ作りをお願いした。続いて、路美代さんの友人でコーチングなど人材育成を専門とする、株式会社ライフスタイルプロデュースの荻野淳也さんに、子どもたちのトレーニング全般を担当してもらうことになった。その荻野さんから紹介を受けたのは、映像クリエイターのＴＥＴＳＵ－ＬＡＷさん。カナエールのプロモーション映像の制作や、コンテスト当日に流す記録映像を担当してもらうことになった。さらにカナエルンジャーの紹介ビデオを作るボランティアのために、アドビ システムズ 株式会社が映像編集ソフトと、その使い方の研修を提供してくださることになった。カナエールの広報を担当したのは、ＮＰＯ法人ソーシャルコンシェルジュの林民子さんと、ファッション関係の広報に携わるＹｏｓｓｙさんの二人。広報のプロフェッショナルであるお二人に、ネットワークを生かしてマスメディアに働きかけていただくことになった。

一一月のある日のこと。フロネシスの岩野さんと、初めてお会いした。「ブランディングストラテジスト（ブランド戦略を立てる人）」という肩書を持つ岩野さんは、最初にカナエールの目的や仕組みの整理を始めた。

「子どもたちは、たった三〇万円の奨学金で、進学できるのですか？」

「もちろん、学費全額を賄えるわけではありませんが、子どもたちは数万円単位の奨学金をかき集めて進学しています。三〇万円は、必ず喜ばれますよ」

「進学しても、経済的に難しくて卒業できない子どもたちがいるんですよね？　ということは、途中で辞めてしまったら、その三〇万円も無駄になるのですよね？　お金を払う人に対して、説得力がありませんね……」

「たしかにそうですけど……。でも、応援者からのお金は、子どもたちの力になると思います。ハルカという岩手県出身の退所者がいるのですが、彼女は神奈川県の専門学校に通って看護士になる夢をかなえています。実は、彼女のために、大人三〇人が月一〇〇〇円ずつ合計三万円を卒業まで送り続けたんです。ハルカは、『お金もありがたかったけど、応援してくれる人のことを思うと、辛くても途中であきらめるわけにはいかなかった』と言っていました」

「その話は、とても良いですね。ハルカさんが、卒業まで続けられた理由は、『卒業まで奨学金が続いた』ことにあるのではないですか？　また、支援者側も、すでに知り合いだったハルカさんだったからこそ、支援を続けられたのではないですか？　カナエールも、顔が見える関係性ができたら、卒業までの支援を続けられるかもしれませんね」

こうして、大枠が固まったと思っていたプログラムの骨子が、ガラガラと崩されていった。当初、一人「三〇万円」のみだった奨学金は、「一時金三〇万円と、卒業まで月三万円」となった。当然ながら、プロジェクトの予算も、「四〇〇万円」が、一気に「一二〇〇〇万円」に上がってしまった。

そんなお金、集められるのだろうか……。もし集まらなかったら、私はどう責任をとったらいいのだろうか……。私は、カナエール実行委員会の副委員長を引き受けてくれた羽塚さんに相談した。

「もしも、コンテストをしても奨学金が十分に集まらなかったとき、どうしましょうか」

「そうですよね……。考えておいた方がいいですよね」

「そのときは、お詫びをして、最低一人三〇万円ずつを保証したいと思っています。運営費も入れて合計四〇〇万円。もしそういう事態になったら、半分の二〇〇万円を、羽塚さんにも出していただくことはできませんか？」

ノーとは言わせない雰囲気だったと思う。羽塚さんはリスクを分担することを了解してくれた。


一二月。いよいよ、スピーチコンテストへの出場を条件に奨学生となる「カナエルンジャー」一〇名の募集が始まった。スピーチなんて無理！　と敬遠されることは想像がつく。海のものとも山のものともつかないプログラムに応募してくれる人はいるのだろうか。施設職員たちは、このプログラムについてどう思うのだろうか。「子どもを利用するなんて」と捉える人もいるのではないだろうか。応募が一〇人以上から届くだろうか。不安でいっぱいだった。

一月末、一七名の応募があった。本当にほっとした。と同時に、選考で落とさなければいけない人がいることを申し訳なく思った。早くカナエールを軌道に乗せて、少しでも多くの子どもたちに進学の道を拓きたい。

大きなピンチを乗り越えて

三月一一日は、大忙しだった。夕方、アドビ システムズ 株式会社でクリエイター向けの研修を開講する予定だった。また翌日にはカナエルンジャーたちが初めて一堂に会する場となるオリエンテーションを控えていた。さらに三日後にリリースを控えたホームページの最終チェックもしなければいけなかった。

そんなときに東日本大震災が起こった。生まれて初めて経験する大地震。携帯電話がつながらなくなり、電車の運行停止で帰宅困難な状況となって、周りは騒然としていた。

ところが、私と植村は、家族の安全確認が取れたため、徹夜で作業ができると開き直って、仕事に没頭した。しかも、翌日には電車が動き出したので、オリエンテーションを決行。その後、大津波の様子を初めてテレビで見て、ようやく事態の深刻さに気付いたのだった。

東北三県の沿岸部が、津波により壊滅的な被害を受け、死者、行方不明者は三万人にのぼるといわれていた。一〇〇〇年に一度といわれる大震災に、世界中が支援に動き出した。多額の義捐金が、東北に向かった。

連日ニュースで目にする被害の大きさに涙が止まらない。だが一方で私は、不謹慎ながらカナエールの資金集めを心配した。企業の社会貢献予算など、お金がすべて被災地に向かってしまう。これからカナエールに二〇〇〇万円を集めなければいけないというのに……。東京でも、計画停電や電車のダイヤ乱れなど、混乱が続いた。多くのスケジュールがキャンセルになった。張りつめていた糸が切れたように、私は熱を出し寝込んでしまった。

カナエール実行委員会は、このままカナエールを続けるかどうかの決断をしなければならなかった。中止も、やむなしだと思った。どうやって子どもたちに詫びたらいいのか、考え始めていた。カナエールに期待してくれている子どもたちの気持ちを思うと、やり切れない。協賛企業の担当者から、「震災が起こったからと言って、児童養護施設の子どもたちの問題がなくなるわけではないですからね。中止にするのは残念です」と言われ、涙が出た。

テレビや新聞、ツイッターなどで、震災孤児の問題が話題になっていた。震災孤児たちを支援したいという意見が飛び交っていた。海外から、里親になりたいという申し出も来ているという。

でも、一八歳未満の子どもなら、生活費や学費などは児童福祉法の下、公的に保証される。民間の支援が必要なのは、一八歳以上の、特に進学者じゃないかな……。

そこまで考えて、気づいた。これって、カナエールで支援する子どもたちと同じ環境じゃないか。親を頼れない上、児童福祉の保護枠に入れない。

カナエールと同じような奨学金支援を、被災して親を失った子どもたちに対して、できないだろうか。

実行委員会は、被災の状況や、支援の動向など、さまざまな状況が少し見えてきた三月最後の日曜日、今後について具体的な検討をした。震災の直前にコンテストの運営担当として実行委員に加わったＮＰＯ法人ディープピープルの牧文彦さんも、大阪から駆け付けた。

「中止」「縮小」という選択肢がある中、私たちは、「コンテスト三カ月延期」を決めた。カナエールスピーチコンテストは、六月から九月へ延期して実施することになった。そして、「東日本復興支援」として、震災により親を亡くした大学生、専門学校生に対して、大学等を卒業するまで、返済不要の奨学金支援を行うことを決めた。「カナエールを中止にしない」、そして「大震災を前に自分にできることをする」という二つの必要性を満たす、最善の選択だったと思う。だが、そのとき、予算は四〇〇〇万円に膨らんでいた。プレッシャーと、倍増する業務量に、押しつぶされそうになりながらも、やるしかなかった。

準備は急ピッチで進められた。施設退所者で四年制大学を卒業していた沢登美智子を、東北支援担当の事務局スタッフに採用した。五月に東北の大学、専門学校へ向けて募集要項を発送。到着を見計らって申請条件に該当する学生の有無を確認するため、大学等へ電話。八月には八人の若者への支援が決まった。一〇人には満たなかったが、希望者がいてくれたことに、ほっとした。奨学生八人には、さすがにスピーチは難しいため、かわりにビデオメッセージを撮らせてもらうことにした。私は東北に向かった。同行してくれたのは、有限会社ケイブレインズの見目やすおさん。見目さんに、八人のメッセージ映像の撮影と、コンテスト当日に流すための編集を依頼し、二泊三日で、盛岡、仙台、多賀城などを回った。本当に慌ただしかった。

一方で、資金の方も、ユニゾン・キャピタル株式会社、ベイン・アンド・カンパニー、株式会社パソナグループ、アドビ システムズ 株式会社が支援してくださることが決定した。また、チャリティアート展覧会「ROSES.」からイベントで集まった寄付金をいただくなど、実現に向けて目途が立っていった。本当にとてもありがたかった。おかげで、このピンチをなんとか乗り越えることができた。

中止の可能性に恐々としていたカナエルンジャーたちも、延期して実施するという知らせにとても安心したようだった。カナエルンジャーたちは、六月下旬の合宿から始まって、夢を実現させている職業人にインタビューをしたり、日常の生活風景を撮影したりしながら、スピーチコンテストに向けて準備を進めて行った。どのカナエルンジャーも、その過程で自分自身とじっくり向き合うことになった。

三二九人の真ん中に

そして迎えた九月二三日。カナエールスピーチコンテスト本番。当日の司会は、黒岩さん。審査員は、児童養護施設錦華学院の施設長で全国児童養護施設協議会副会長でもある土田秀行さん、児童養護施設退所者で高萩市市長の草間吉夫さん、タレントのMEGUMIさん、ウルトラマラソンランナー世界王者の井上真悟さんの四名が引き受けてくださった。

会場には、月々二〇〇〇円を払ってくれる奨学金継続サポーターの他、チケット五〇〇〇円を払って来場してくれた観客、協賛企業の担当者やプレス関係者など招待客を合わせて二三九名が集まった。当日参加したボランティア等も含めると、会場にいたのは合計三二九人。

その真ん中にいたのは、もちろんカナエルンジャーたち。私は舞台の袖で、緊張しながら順番を待つカナエルンジャーを明るく励ました。「夢、カナエール！」黒岩さんと会場の掛け声で、クリエイターが作った三分間の紹介ビデオが流れ、それが終わると同時にカナエルンジャーが壇上に上がる。

たった五分間の、しかし長い時間をかけて準備してきたスピーチ。

小学生のときにネグレクトの状態にあった子は、当時の自分を救ってくれた担任の先生にあこがれて、小学校教諭を目指している。栄養士を目指している子は、離れて暮らす母親が一回だけ届けてくれた、冷めていても温かいお弁当の思い出から、食を通じて施設の子どもたちを幸せにしたいと語る。施設で生活することを友達に隠し通してきた子は、ちゃんと大学を出てちゃんと就職することが夢だと語る。

大きな拍手を背に舞台を下りてくるカナエルンジャーと握手。どの手もビックリするほど冷たかった。ひどく緊張したのだろう。それでも、大きな壁を乗り越えて、自分の夢、思いを語ったカナエルンジャーたちは、誇らしげに見えた。

「スピーチコンテスト出場」という体験は、彼らに何を残すのだろうか。自分の内面と向き合い、大人たちに支えられ、思いをスピーチにまとめる。スポットライトの中、大勢の観客の注目を浴び、大きな拍手で称えられる。大きな山を登り切った人にしかわからない達成感。登った人にしか見られない景色。

スピーチを終えたカナエルンジャーたちは、口々に「会場の人たちがあったかくて、背中を押された」「優しい目で見てくれたから、あまり緊張せずに話せた」と語った。

これまで多くの人から、「施設の子がどんな子どもたちなのかイメージできない」「彼らの課題が何なのか、よくわからない」と言われ、もどかしさを感じていた。だがこの日、会場にいた人たちには、一〇人のリアルな子どもたちの心の叫びを届けることができた。ありのままの彼らの、強さも弱さも、間近に見てもらうことができた。目にハンカチを当てる人も大勢いた。コンテスト後の懇親会にも多くの人が参加し、それぞれが抱いた思いを語り合った。

ブリッジフォースマイルを立ち上げたときに思い描いた、子どもたちを包む温かい輪が、たしかに生まれ、広がりつつあった。

東日本復興支援

二〇一一年三月一一日。大きな地震が東日本を襲い、津波が東北沿岸部の人たちの命と日常生活を一瞬にして奪っていった。震災で両親を亡くし孤児になった子どもは二二九名。

震災孤児たちのほとんどは、親戚が引き取っていた。児童養護施設ではなく、「親戚里親」の手続きをすることで、公的な援助を得て暮らしていくことができる。しかし、誰もが何かをしなくてはと思っていたとき。マスメディアが親を亡くした子どもを取り上げると、震災孤児を対象にした支援に、寄付の申し出が殺到した。資金は、十分すぎるほど集まっていた。私たちが無理してやらなくても大丈夫なのではないか？　そんな疑問がわいてくる。

復興支援の一環で、東北の児童養護施設の子どもたちへの支援の問い合わせも多かった。ところが、施設には震災が直接的な理由として入所している子どもは、三県合わせてもほんの数人だ。さらに、そういう問い合わせを受けるうちに、また疑問がわいてくる。「虐待で家庭で暮らせない子」と、「震災で両親を失った子」。どちらも同じ、家庭で育てられないから社会が育てるべき子どもたち。なのに、入所理由が「震災」なら支援が潤沢に届く。

その矛盾に対するブリッジフォースマイルの答えは「東北の児童養護施設に支援を届ける。入所の理由も震災の縛りは設けずに、児童養護施設に支援する」。東北の復興に間接的にでも役に立てたら、私はうれしい。

第10章

子どもの可能性を信じる

私の子どもの育て方

娘は一一歳に、息子は九歳になった。保育園のお迎えが必要なくなってから、私の帰宅時間はずるずると遅くなり、最近はだいたい二〇時ぐらい。帰宅後、すぐに夕飯の準備にとりかかる。おかずを二品作り、朝作った味噌汁の残りを温め、タイマーでセットしておいたご飯をよそって完了。二〇時半くらいに夕飯を食べる。子どもたちの学校の宿題の丸付けをして、風呂に促し、二一時までに子どもたちを布団に送りこむ。少しだけメールチェックをして二三時に就寝。朝は五時に起きて、一時間ほどパソコンに向かう。七時に家事開始。夫と子どもたちを見送ってから身支度。八時半頃、家を出る。

毎週一、二日は、仕事のため、帰りが二二時を過ぎる。遅くなるとわかっている日の朝は、子どもたちの夕飯を準備してから家を出るのだが、突然仕事が入ることもある。そんなときは、買い置きしてある冷凍食品が心強い味方だ。また、冷凍食品にも飽きてきたのか、最近は娘が冷蔵庫にある食材で、自分で料理を作るようになってきた。なかなか上手で、おいしい。

二人とも、料理だけでなく、食器洗い、掃除、洗濯など、一通りの家事をこなす。これは三年前、息子が小学校に入る頃から、小遣いをお手伝い制にしたから。お手伝いのメニューに単価が決まっている。「風呂掃除と湯船にお湯張り＝一〇円」「トイレ掃除＝二〇円」「洗濯物（干し・畳みそれぞれ）＝物干しハンガー一つ分＝二〇円」といった具合だ。これをホワイトボードに記録して、月末に合計する。毎日欠かさずにできれば、ボーナス五〇〇円。どんな簡単なことでも毎日続けてやれば、八〇〇円になる。さらに、出費が増える夏休みや冬休みなどの月は「小遣い倍月間」で、お手伝いメニューの単価がそれぞれ二倍になる。すべての家事が、お手伝いメニューに入っているから、一日一〇〇円を稼ぐことも難しくはない。先月のお小遣い、娘は過去最高額の三六二〇円。一方の息子は、四八〇〇円だった。

お手伝いと、お小遣いをリンクさせることには、賛否あるだろう。正直、あまり家事が好きではない私はこう考える。家族が生活するためには、誰かが家事をやらなければいけない。昔、家事は主婦がするものと決まっていたけれど、今はハウスキーパーという仕事になっているくらいだ。お金を払うべきハウスキーパーの仕事を子どもたちがやってくれるなら、その代金（相場がかなり下がるが）を、アルバイト代として払うのはおかしいことじゃない。子どもたちはお小遣いをもらえるし、ハウスキーパーの職業トレーニングにもなっている（！）。家はきれいに保たれるし、私は時間に余裕ができる。みんなうれしい。

元銀行マンで、いまはインターネット通販会社に勤める夫も、家事は何でもこなす。特に料理が得意で、パスタやパエリア、茶わん蒸しなど、私よりずっとおいしいものを作ってくれる。だが、仕事の帰りは二四時過ぎ、朝ごはんを食べずに会社に向かうことも少なくない生活を送っているため、平日はほとんど何も期待できない。

よく人から「理解のあるご主人ですね」と言われる。たしかにその通りで、週末、家族を置いて出かけることに文句を言いながらも「仕方ないね、がんばってね」と送り出し、その間、子どもたちを映画に連れ出したりしてくれる。何より、私が生活の心配をせずにこの仕事を続けられるのは安定した収入がある夫のおかげだ。間違いなく、夫は夢や目標に向かって突き進む私の最大の理解者であり、応援者だ。ただ、最初からそうだったわけじゃない。

実は、私がこの活動を続けるにあたって、離婚を覚悟するくらいの夫婦げんかを何度か経てきている。その最大の理由は、「社会貢献」に対する価値観の違いだ。夫は「社会貢献」には、あまり関心がない。「税金を納めること」で責任を果たしている、というタイプ。社会貢献に対する私のこだわりとの違いは大きい。当然、「なぜお金にもならない仕事のために時間を割き、家族を大切にしないのか」と不満に思う。ただ、考えが違うからといって、やっていけないわけではない。

趣味や価値観がピッタリ合っている夫婦をうらやましいとも思うが、我が家は我が家で、うまく折り合っていければいいと思っている。たとえば、うちは家族で映画館に行っても、全員バラバラの映画を見ることもある。夫は史実モノ、私は感動モノ、娘と息子は別々のアニメ。終わりの時間がずれるので、待ち合わせの時間と場所を決めておく。見たいものが違うのを、無理に合わせる必要もない。かっこよく言えば、自由で、それぞれの意志を尊重するようにしている。

子どもたちは、いつか、我が家を巣立っていく。そのとき、自分で自分の人生を納得して選んでいけるようになってほしいと思う。こんな風に思うようになったのは、ブリッジフォースマイルの活動のおかげだ。

「成果」ってなんだろう

活動を続けていると、よく聞かれることがある。「活動の成果はなんですか？」と。

あるＮＰＯ関係者はこう語る。

「ＮＰＯは、社会問題を解決することがミッション。だから、究極のゴールは、その社会問題がなくなり、そのＮＰＯが存在しなくてもよくなることです」

正直なところ、成果を出せば出すほどその存在意義が薄れていくというのは、寂しくも感じる。だが、そう自覚していることで、自己利益や自己満足のためにＮＰＯという公器を使うことがないように、適切に運営できるのだと思う。

もはや活動が必要なくなるまでの「究極の成果」はさておき、現実的に「成果」ってなんだろう。私たちが行うのは、児童養護施設の子どもたちの「自立支援」。「自立した状態」を目指したいのだけど、では、具体的に「自立していること」って、誰が、どんな基準で証明してくれるのだろう。

「身の回りのことが自分でできること」「一人暮らしをしていること」「仕事をしていること」「自炊ができること」「危険を察知し、回避できること」「お金のやりくりができること」「健康を保てること」……。

では、仕事をしていない主婦は、自立していないのか？　親と一緒に暮らしている人は？　料理や洗濯ができない人は？　借金を抱えている人は？　ローンならマルで、消費者金融ならバツ？　持病のある人は？　頭痛薬はマルで、精神安定剤はバツ？……。

「あなたは、自立していますか？」と聞かれたら、どこまで自信を持ってイエスと答えるだろうか。私自身、自信がないこともある。そんな難しいことを、一八歳そこそこの若者が突きつけられている。

「自立を証明すること」が難しいとわかっていても、支援の目に見える「成果」がほしいという声は少なくない。特に、民間企業で働く人にはその気持ちが強いかもしれない。日頃、仕事で「売上」「利益」「配当」「ボーナス」といったものを意識している人にとっては、数値で見える成果は、わかりやすい。「就職率」「進学率」「収入」「貯金」など、数字で見せると納得する人が多い。

でも、七年間やってきてわかったことは、本当の「成果」なんて、簡単に出ないということ。数値化しようと意識すればするほど、関わる人、つまり、支援を受ける子どもたちも、支援するボランティアの方々も、幸せにならないのではないかと思っている。

高校三年生で巣立ちプロジェクトに参加した麻衣ちゃん（仮名）。素直で明るい子で、最初こそ人見知りをしたけれど、一度話をするとすぐに仲良くなり、サポーターたちからもかわいがられていた。麻衣ちゃんは、施設を出た後、飲食店のキッチンで仕事をしていた。新人らしい失敗をするたびに落ち込んで、でも、少しずつ自信をつけて行った。

そんな麻衣ちゃんは、アトモプロジェクトの集まりでよく行くお好み焼き屋で、いつも楽しそうに弟の話をしてくれた。小学生になったばかりで、ナマイキだけどかわいい弟。麻衣ちゃんのお母さんは、銀座のクラブでママをしているため、ときどき家に帰っては麻衣ちゃんが弟の面倒を見ているという。麻衣ちゃんは、とてもイキイキと描写をして話をしてくれるので、私たちは疑いもせず聞いていた。

ところが、しばらくして、麻衣ちゃんの話は、まったくのウソだったことが判明。赤ちゃんの頃から、乳児院に預けられ、お母さんとは一度も会ったことがなかった。「虚言癖」というらしい。ありもしないことや想像したことを、さも現実かのように語るのだ。あるインタビューをきっかけに、麻衣ちゃんが本当のことを語り出した。

「お母さんのいないかわいそうな子だと思われたくなかった。施設を出るとき、自分の戸籍謄本を初めて見た。初めて、お母さんの年齢を知った。そして、お母さんと一緒に住んでいる歳の離れた弟がいることを知った」

どんなお母さんなんだろう。弟がいたら、どんな生活をしているんだろう。麻衣ちゃんの中で、妄想が止まらない。本人としては、ウソをついていることに深い意味も、悪気もなく、ただ、誰かに聞いてほしかったのだと思う。

その後、麻衣ちゃんは、神戸に住む母親と会うことになった。母親が施設に連絡をしてきたのだ。ずっと心にひっかかっていた母親の存在。期待と不安が入り交じり、いろんな想像をしながら母親に会った麻衣ちゃんを待っていたのは、悲しい現実だった。娘の成長を喜ぶでもなく、育てられなかったことを詫びるでもなく、娘を前に「生みたくなかった」と言い、後日、「困っているからお金を送って」と言ってくる母親。精神的に不安定になった麻衣ちゃんは、仕事を休みがちになり、ベランダから飛び降りたり、リストカットしたりする状態にまで落ち込んで、病院に通うようになった。

施設職員や施設退所者の当事者団体の助けも借りて、立ち直ることができた麻衣ちゃん。今では、麻衣ちゃんのことを心から想ってくれるパートナーがいる。ここまで、優に五年。本当に強く、成長したと思う。これから麻衣ちゃんは、子どもを産んで母親になるかもしれない。そうすると、きっとまた、いろんなことに悩み、もがくのだろう。でも、困ったとき、相談できる人が近くにいて、よりよい道を探すことができるなら、それで十分かもしれない。「自立のゴール」なんて、どこにあるのか、わからない。

失敗したっていいじゃない

一九歳のときに巣立ちプロジェクトに参加した春樹くん（仮名）は、「自立援助ホーム」にいた。自立援助ホームとは、働きながら自立のための準備をする福祉施設だ。遅刻や休みが多くて、参加態度も真面目とは言えない春樹くんだったが、料理が得意なので、いつかフランスに行って修行をしたいと語っていた。巣立ちプロジェクトが終わると、春樹くんは池袋に借り上げ寮を用意してもらい、「六本木のバー」で働くことになった。

悪い予感は的中した。「店のバックに暴力団がいるらしく、ヤバイことに巻き込まれそう」と電話がきた。「今後の対策について、会って話そう」と言って待ち合わせをしたが、二時間経っても現れず、ケータイもつながらなくなった。

春樹くんは五人兄弟だが、父親がすべて違う。血のつながらない父親に殴られて、施設に入ったが、施設でもずっと暴力事件など問題を起こしてばかりだった。中学卒業と同時に施設を出て、寿司屋で住み込みの仕事を始めた。職場は厳しく、暴力を振るわれて自立援助ホームへ。そこで窃盗事件を起こして少年院へ。その後、もう一度自立援助ホームに戻っていたときに巣立ちプロジェクトに参加したのだった。

二年後、春樹くんから、パソナグループの代表電話宛に連絡があった。伝え聞いた携帯電話番号に折り返し連絡をしたところ、懐かしい声。この二年間、大阪にいたという。私が携帯電話を換えてしまっていた（当時は番号を継続できなかった）ため、手元に取ってあった封筒に記載されていたパソナグループの代表電話に「まだ、パソナの中に、ブリッジフォースマイルというＮＰＯは入ってますか？」と聞いたという。

久しぶりに会ってご飯を食べながら聞く話は、驚くものばかりだった。「交番に行って、今日寝るところがない、と言ったら、更生施設を紹介してもらえた」。生活保護を受けて、更生施設に住んでいたのだ。なんというたくましさ！　その一方で「自分の名前で銀行口座作ったり、携帯電話の契約をしたりすると、高いお金で買い上げてもらえた」と、オレオレ詐欺の手伝いをしていたことも判明。青ざめた。

はじめて更生施設にも行った。高齢で働けない人や、ホームレスになっている人が四人部屋に住んでいた。春樹くんの担当の方から話を聞いた。生活保護受給や、住まい探しの手伝いはしてくれるようだったが、就労の支援などまで踏み込んだものは期待できないようだった。

とはいえ、私自身、何ができるわけでもなかった。二週間に一度会って、ランチをごちそうしながら、話をした。お金を貯めるため、家計簿をプレゼントし、記入するのを手伝った。生活保護費でアパートを借りて一人暮らしを始めることになったときには、私は車を出して、引っ越しの荷物を運んだ。仕事をするにも、スウェットしか服がないというので、大きなサイズの洋服を寄付で募り、仲間と彼のアパートにミシンを持ち込んですそ上げをしたりもした。ちなみに、私と春樹くんのお母さんは、一歳違い。まさに、お母さんみたいなものだ。

その後も、なかなか仕事は決まらなかった。生活保護費の多くは、パチンコと携帯ゲームに消えた。双方、何もできていない後ろめたさから、連絡が途絶えがちになっていった。先般、数カ月ぶりに連絡が来た。今、茨城の親戚の会社で仕事をしているという。朝六時に起きているって、本当だろうか。半信半疑ながら、近々春樹くんに会うのを楽しみにしている。「自立支援」の成果など、どこにあったのかもわからないが、私はこうして関係がつながっていることが単純にうれしい。

うれしいことがあったとき、一緒に喜んでくれる人がいる。
傷ついたときには一緒に悲しんでくれ、落ち込んだときには励ましてくれる人がいる。
悪いことをしたら叱ってくれ、困ったときには心配して助けてくれる人がいる。
子どもたちにそう思ってもらえること。それが大事なことであり、支援の大きな成果と言えるんじゃないかと私は思う。

私たちが支援する子どもたちの中には、施設を出た後、数カ月で仕事を辞めてしまう人もいれば、せっかく入った大学を中退してしまう人もいる。事件を起こして、警察のお世話になる人もいる。女の子の中にはキャバクラ嬢になってしまう人もいるし、援助交際で妊娠し中絶した人、もしくは出産してシングルマザーになった人もいる。

でも、だからといって、支援者側の期待を裏切った、自立支援はうまく行かなかった、などと結論づけるのは、間違っていると思う。失敗したって、人生が終わるわけじゃない。また、やり直せばいいだけの話。それは子どもたち一人ひとりの人生のうち、一時期の状態に過ぎないのだから。

失敗したって人生が終わるわけじゃない。

これは児童養護施設の子どもたちだけに限ったことではないと思う。いまの子育ては、失敗を恐れ、わかりやすい「成果」を求めすぎてはいないだろうか。「優秀な子ども」を育てるため、「完璧な子育て」を求めるあまり、子どももオトナも息苦しくなってはいないだろうか。失敗させないように「禁止」ばかりするのは、「子どものため」ではなく「大人が楽だから」じゃないのか。

料理中、包丁で指を切ったら、止血の方法と絆創膏の巻き方を教えればいい。中学受験がうまくいかなくても、挫折を味わう経験は子どもにとって貴重な糧になる。長い人生、何もかも思い通りに行くわけがないのだから、子どもの頃から、失敗して立ち上がる経験が大事なのではないだろうか。そして、失敗を受容し、一人ひとりの可能性を信じて関わり続ける人がいることが、子どもたちに安心感を与え、もう一度チャレンジしてみようと思う勇気につながるのではないかと思う。それは、つまり、私たちオトナ側の挑戦。そして、そんな挑戦するオトナを一人でも多く増やすことが、私の挑戦だ。

笑顔がつながる世の中へ

私自身の子どものときの話を少しだけ。私は、商社マンの父親と専業主婦の母親の間で、三人姉妹の真ん中に生まれた。子どものときの私は、とにかく「困った子」だった。なんでも自分の思い通りにしたがり、友達と仲良く遊べなかったため、一人でいることが多かった。親のオサイフからこっそりお金を盗んで駄菓子を買ったりもした。母親は、私をどう育てていいのかわからず、担任の先生に泣いて相談したこともあったらしい。小学校三年生のとき、父親の仕事の都合で転校してから、いじめられるようになった。友達から嫌われることは、さみしく、辛かった。そんなみじめな自分が嫌いで、自分を変えようとするようになった。

一生懸命に努力すると、まず、勉強ができるようになった。字がうまくなった。テニスが強くなった。おもしろいことを言えるようになった。友達ができた。恋人ができた。そうやって、少しずつ、自信をつけていった。でも、自分を変えるのは、簡単なことじゃない。人とぶつかったり、批判されたりすると、すぐ落ち込む。私は、今でもまだ、自分のコンプレックスと戦っている。

この活動でとても苦しいときもがんばってこられた理由の一つは、このコンプレックスだろう。自分の居場所を見つけるために、誰かに必要とされていたい。困っている人の役に立ち、相手に喜んでもらえるとすごくうれしい。そういう気持ちが人一倍強い。つまり、この活動において、「自分のため」に活動している面があることは否めない。だから、「子どもたちのために」「将来の日本のために」という愛や使命感といった純粋な気持ちだけではないことに、後ろめたさがある。マザーテレサのような愛にみちた人ではないのは、自分でも本当に残念。

でも、ポジティブに考えれば、自分が立派でもなければ、強くもないことは、逆に強みでもあるのだと思う。ダメな自分をよく知っている。よくなりたいと願い、小さな努力を重ねる。応援してくれる人が現れる。結果がついてくる。そうやって、自分の人生を自分で変えてきたからこそ、自分に自信が持てない人、変わりたいと思う人の気持ちがよくわかるし、今度は私が応援したいと思う。

児童養護施設で生活する子どもたちは、決して恵まれた環境で育ってはいない。子どもたちは、コンプレックスを抱えていたり、殻に閉じこもったりしている場合も多い。でも、彼らが自分の人生をあきらめない限り、必ず変えていける。そんな、がんばる子どもたちを応援したいと思う人たちは、たくさんいる。だから、あきらめないでほしい。歯を食いしばって、がんばってほしい。

子どもにがんばれって言うなら、大人の自分はもっともっとがんばらなくちゃいけない。私は自分にそう言い聞かせる。子どもは環境を選べない。親も、施設も、自分から選ぶことはできない。だから、子どもの性格が形成されていく大切な時期に、望ましい環境を用意することは、大人の責任であり社会の責任。つまり、私たち一人ひとりの責任だ。

私が児童養護施設と偶然出会った八年前、重すぎる現実を前に、自分がどこまで何ができるのかとても不安で心細かった。いま、私はたくさんの仲間たちとともに私一人の力では到底成しえなかったことを、実現している。これまで、この活動を支えてくれた人たちに、感謝の気持ちでいっぱいだ。忙しい合間をぬって、子どもたちに粘り強く関わってくれるサポーターたち。継続的な寄付で、子どもたちだけでなく組織を支えてくださる人たち。企業や団体の窓口となって、快くリソースを提供してくださる人たち。今度は自分がサポートする側に回りたい、と活動を盛り上げてくれる退所者たち。活動がきちんと回るよう面倒な運営業務も厭わず担ってくれる事務局のスタッフたち。見えないけれど、この活動には温かいパワーが充満している。心が折れそうになるときも、みんなが私にエネルギーをくれる。

もっと、笑顔になれる子どもたちを増やしたい。そして、その子どもたちを支えて笑顔になる大人たちを増やしたい。そんな笑顔がつながっていく仕組みを、全国に広げていきたい。

子どもたちが、「自分の努力と周りの応援があれば、大丈夫」と思える支援を。
誰もが「幸せになれる」という希望を持てる社会に。
焦らず、気長に。一歩ずつ、笑顔で。私は、挑戦をやめない。

謝辞

本当に多くの方に支えられてきました。

九年前、東京インターナショナルスクールの学校長、パトリック・ニューウェルさんがJMECのプログラムを通して、私に児童養護施設との出会いのきっかけをくださいました。

その時のインタビューで、至誠学園の高橋利一さんと、子どものうち八栄寮の元施設長の川上豊さんのお二人に出会っていなかったら、私はNPOを立ち上げていなかったでしょう。

その後、なかなか施設に受け入れてもらえない中、児童福祉の分野でド素人の私に、施設や子どもたちのことを温かく、根気強く教えてくださったのは、リービングケア委員会のみなさんでした。第二調布学園の春日明子さん、目黒若葉寮の早川悟司さん、自立援助ホームあすなろ荘の恒松大輔さん、ゆずりはの高橋亜美さん、朝陽学園の鈴木智善さん、生長の家神の国寮の須江宏行さん。若草寮の元職員の臼井由智さん、東京家庭学校の元職員の広瀬朋美さんのお二人には、その後、ブリッジフォースマイルの事務局スタッフとしてもご協力いただいています。

共生会希望の家の福島一雄さんと、麻生信也さんにも、たいへんお世話になりました。新しいプログラムを作っていく時に、施設側の率直な不安や期待を、的確な言葉にしてアドバイスをくださったことは、本当にありがたかったです。

パソナ入社から退職後もたいへんお世話になり、社会起業家としての目標でもあるパソナグループ南部靖之代表。いつも的確で温かいアドバイスをくださる山本絹子専務。内定者の頃から社員の頃、そして今でも気にかけてくださる深澤旬子専務。パソナで学んだことは一生の財産です。

パソナ時代の先輩で、いまはブリッジフォースマイルサポーター向けの研修講師としてご協力いただいている高橋美緒さん。いまでもよく落ち込む私に、「大丈夫。わかっている人はたくさんいるから。」と笑顔で応援してくれます。

力も経験もないのに理想は高く、無理を言ってばかりだった私を、穏やかに論理的に導いてくれた橋本堅次郎さん。「鳥は逆風の方が高く飛べるんだよ」「成長は階段になっているんだよ。壁にぶつかったときは、一段上がれるチャンス。」といつも励ましてくれました。

楽天元副社長の本城慎之介さんには、設立三年目から二年間ほど、月に一回のコーチングをしていただきました。苦しい局面で支援をお願いした際、「一つだけ約束してください。

最終的な判断は林さんがすること。僕は林さんを信頼して支援するのです」という言葉は、心が折れそうだった私に大きな勇気をくれました。

今日の活動は、これまでにボランティアとして参加してくれたり、格安で業務を請け負ったりしてくれた、四〇〇人を超える仲間たちの存在なくしては、ありえません。

立ち上げ初期の不安定な活動を支えてくれたのは、和田靖代さん、矢沢貞夫さん、伊藤愛さん、三井祐実さん、中丸良さん、三浦秀俊さん、池田恒一郎さん、岡井基文さん、福田健太さん、鈴木匠さん、伯耆原（小林）良子さん、上野謙太郎さん、関久実乃さん。欲張りな私が段取りも考えずに次々とお願いする仕事を「ムチャ振り」と笑いながら、お付き合いくださいました。

組織として仕組みや質の高い支援を作りあげていく段階で、惜しみない情熱と専門的な力を注いでくれたのは、種生丈史さん、斎藤嘉孝さん、山上晴美さん、コダシマアコさん、窪木淳子さん、神田瑞樹さん、安原弘樹さん、高比良彩さん、高野雅子さん、福村州央さん、中村誉さん、藤井祐剛さん、濱西真理子さん、西川彰子さん、上遠野久美さん、有本友梨さん、日高京子さん、岡本美架さん、矢野健太さん、今村隆宏さん、金子和幸さん、竹内一雅さん、高橋暁彦さん、三上悠子さん、大槻悦子さん、藤井さやかさん、肥後剛さん、高田芙美子さん、山口健太郎さん、大井明子さん、渡辺稲子さん他、たくさんのサポーターのみなさん。

最も新しいプログラム「カナエール」でも素敵な仲間たちが、一緒に悩み、より質の高い支援を目指して、ご尽力してくれています。実行委員の羽塚順子さん、黒岩禅さん、荻野淳也さん、佐々木一成さん、鵜川洋明さん、見目やすおさん、田島利枝さん、河野伸樹さん、岩野翼さん、ＴＥＴＳＵ－ＬＡＷさん、深山健彦さん、林路美代さん、林民子さん、吉川正秀さん、牧文彦さん、沢登美智子さん、北村尚弘さん、渡辺宏一郎さん他、エンパワチームのみなさん。


縁の下で活動を支え、力強く推進してくれるのは、事務局のスタッフたちです。

一番最初に事務局スタッフとなって、私が苦手な事務作業を明るくテキパキと片付けてくれたのは井上（藤木）美穂さん。ホームページや営業活動などの幅広い仕事に快く、粘り強く、取り組んでくれる菅原（白谷）亜弥さん。細かい作業や高度なエクセル作業を丁寧に進めてくれる三浦佳枝さん。

支援プログラムを構築する過程では、堅実で丁寧に仕事を進めてくれる小川雅則さんの存在が欠かせません。向学心旺盛でいつも笑顔を絶やさない永久理恵さんと、新しいことにワクワクしながら迅速に対応してくれる矢森裕章さんも、巣立ちプロジェクトや、自立ナビゲーションなどを一緒に作り上げてくれました。しっかり者で責任感の強い芹澤利奈さんやいつも細かな気配りで場を和ませてくれる沼田多美さんも、ボランティアの頃から力強く活動を支えてくれている仲間です。

最近入ったスタッフも、とても頼もしいです。自分がどんなに忙しくても周りを明るく盛り上げてくれる植村百合香さん。何事にも果敢にチャレンジするバイタリティあふれる平田のりこさん。明るく賢くたくましい大学生インターンの工藤桃枝さん。

また、紙面の関係でここにお名前を掲載できませんでした、サポーターのみなさま、子どもたちへ積極的なご案内を進めてくださる施設職員のみなさま、たくさんの協力企業・団体のみなさま、メディアで取り上げてくださったみなさま、資金や品物、書籍などをご寄付くださったみなさま、住宅をご提供下さったオーナーのみなさま、お一人お一人のご尽力が積み重なり、子どもたちへよりよい支援が届けられ、よりよい社会になっていくことを実感しています。みなさまのご協力に、心から感謝申し上げます。時に、苦言を呈して未熟な私を育ててくださったみなさまにもお礼と、そしてお詫びを申し上げたいです。

私のつたない経験を本として出版することを快諾してくださった英治出版の原田英治社長。文章を書く自信がない上、なかなか筆の進まない私を励まし、二年近くも伴走してくださったプロデューサーの高野達成さんには、感謝してもしきれません。高野さんがいなかったら、きっと途中でくじけていたでしょう。ところで、高野さんに私の本の出版依頼をしてくださったのは、羽塚順子さんでした。執筆を通じて施設の子どもたちのことや私たちの活動を多くの人に伝えられると同時に、自分自身を見つめ直す素晴らしい機会となりました。誠にありがとうございました。

最後に、私の挑戦を心配しながらも、見守り、応援してくれる家族へ。いつも快く孫たちの面倒を見てくれている両親と夫の両親、時々NPOの仕事まで手伝ってもらっている姉と妹。そして、誰よりも私の理解者であり応援者である夫、娘と、息子。

本当にいつも、ありがとうございます。これからも、よろしくお願いします。

二〇一二年六月

林　恵子

［著者］

林 恵子
Keiko Hayashi

1973年、千葉県生まれ。津田塾大学卒業後、大手人材派遣会社㈱パソナに入社。副社長秘書、営業、契約管理、人事などを担当する。2000年に長女、2002年に長男を出産。子育てと仕事の両立に悩む中、キャリアアップを目指して参加したビジネス研修で児童養護施設の問題を知る。2004年12月、「ブリッジフォースマイル」を創設。翌年にNPO法人化し、パソナを退職。養護施設退所者の自立支援、社会への啓発活動、人材育成をミッションに、多彩なプログラムを提供している。

NPO法人ブリッジフォースマイル　http://www.b4s.jp/

● 英治出版からのお知らせ

本書に関するご意見・ご感想を E-mail (editor@eijipress.co.jp) で受け付けています。また、英治出版ではメールマガジン、ブログ、ツイッターなどで新刊情報やイベント情報を配信しております。ぜひ一度、アクセスしてみてください。

メールマガジン ：会員登録はホームページにて
ブログ ：www.eijipress.co.jp/blog
ツイッター ID ：@eijipress
フェイスブック ：www.facebook.com/eijipress

できるかも。
働く母の“笑顔がつながる”社会起業ストーリー

発行日 2012年 7月15日 第1版 第1刷

著者 林恵子（はやし・けいこ）
発行人 原田英治
発行 英治出版株式会社
〒150-0022 東京都渋谷区恵比寿南 1-9-12 ピトレスクビル 4F
電話 03-5773-0193 FAX 03-5773-0194
http://www.eijipress.co.jp/
プロデューサー 高野達成
スタッフ 原田涼子 岩田大志 藤竹賢一郎 山下智也
杉崎真名 鈴木美穂 下田理 原口さとみ
山本有子 千葉英樹 野口駿一
印刷・製本 大日本印刷株式会社
装丁 重原隆

ISBN978-4-86276-092-0 C0030 Printed in Japan